Christine Rechl

Lieblingssteine

Steine bemalen zum Freuen, Behalten und Verschenken

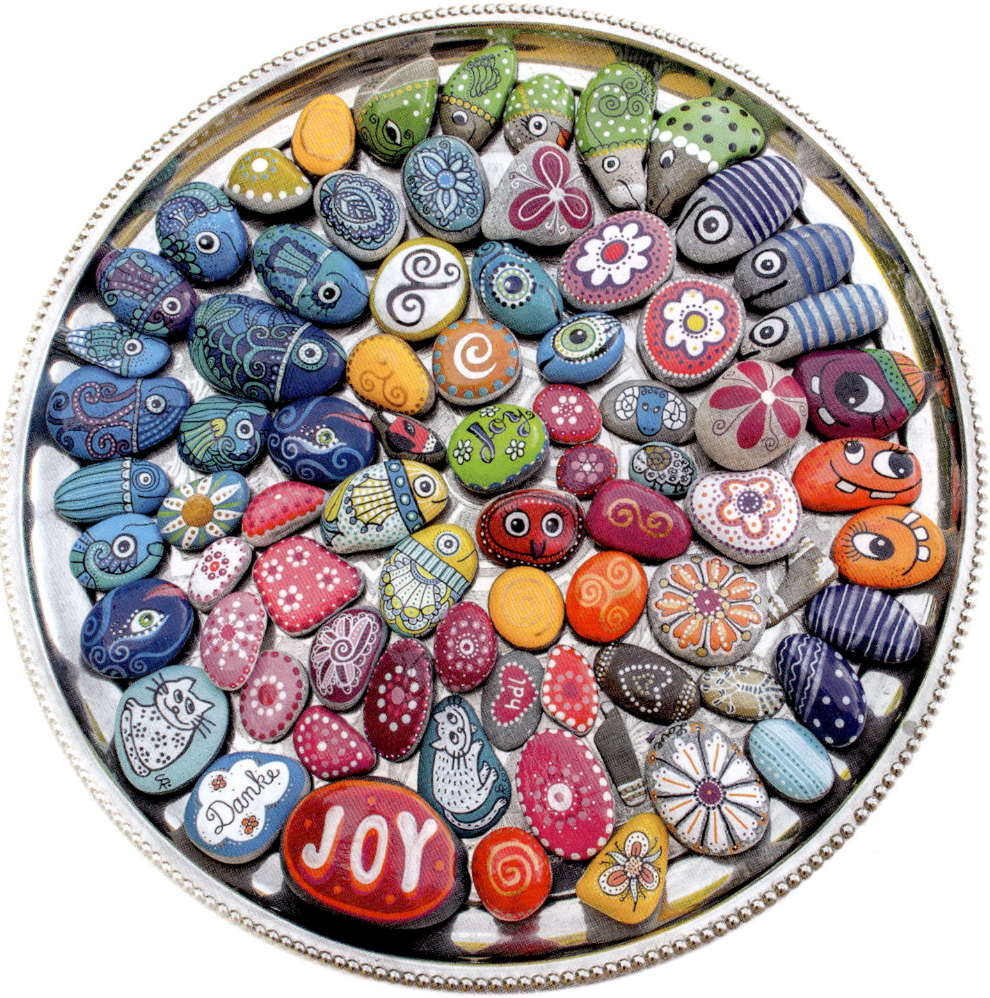

mvg verlag

Inhalt

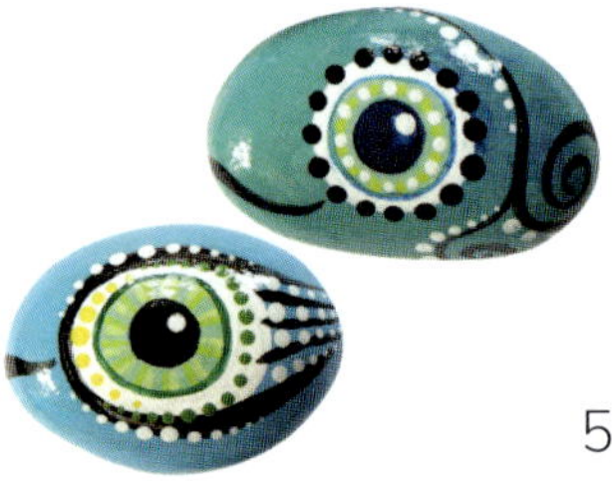
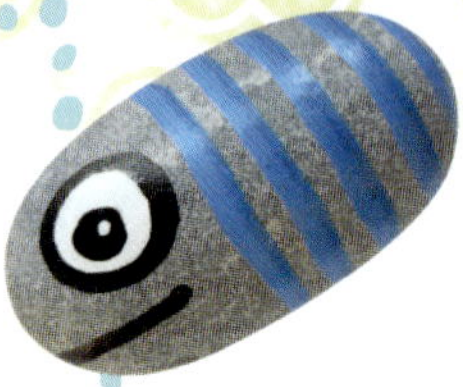
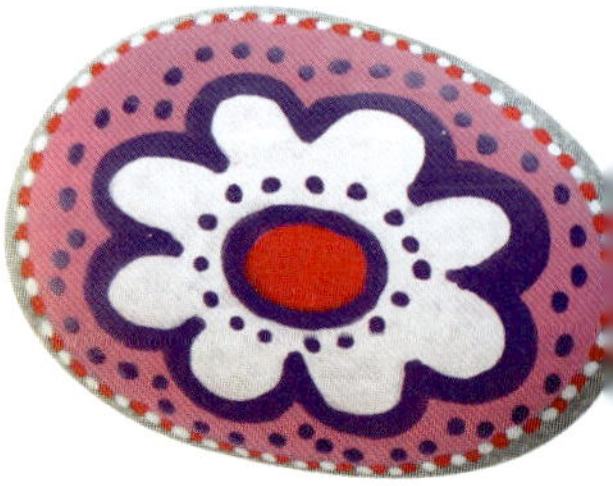
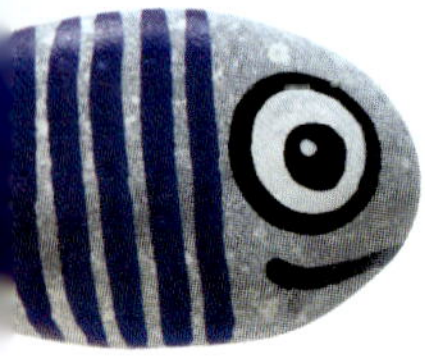

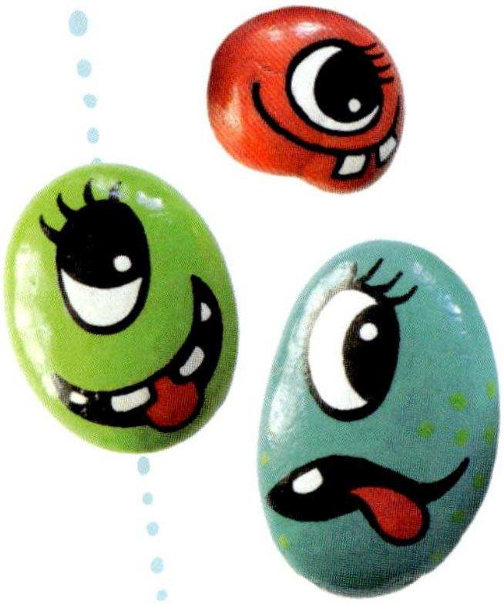
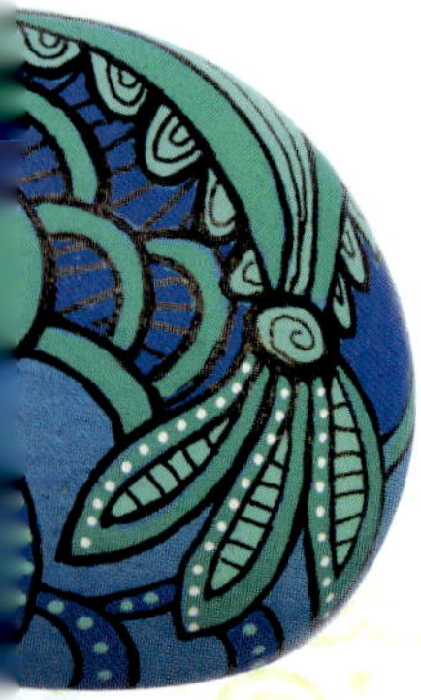
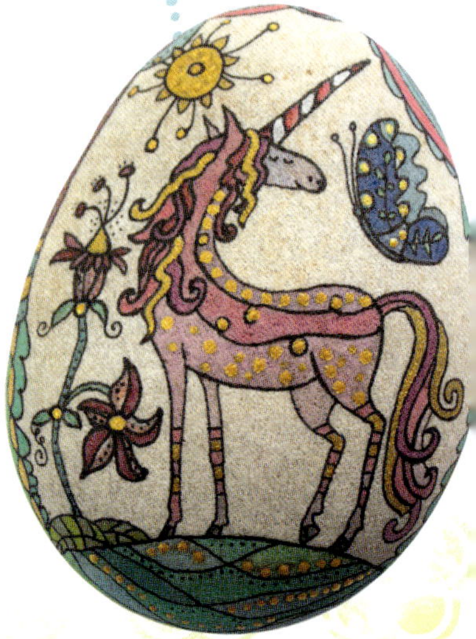

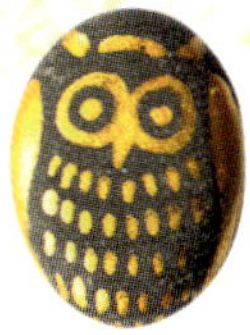

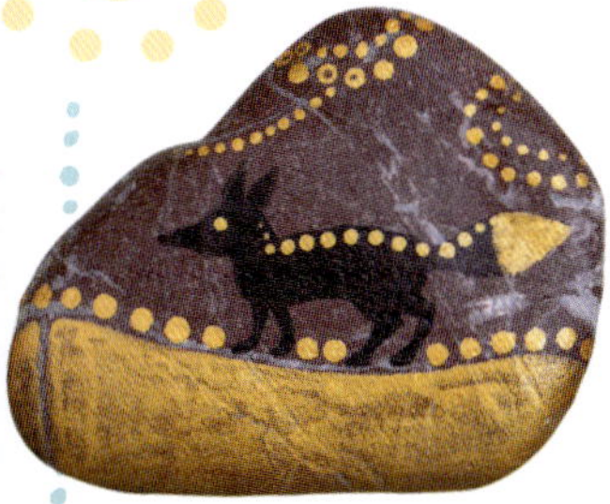

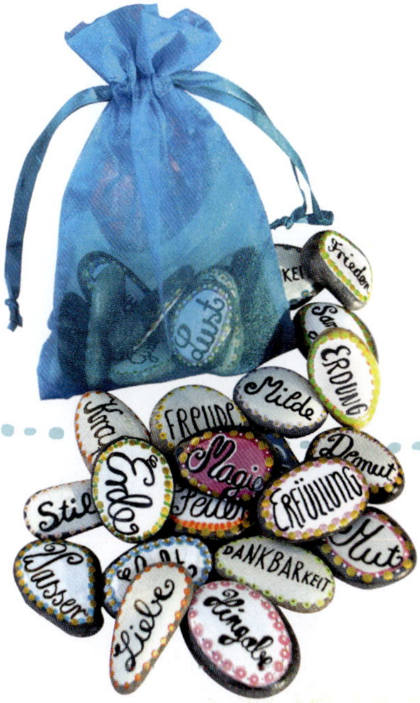

Frieden
Lust
Milde
Magie
Demut
Stil
Mut
DANKBARKEIT
Liebe

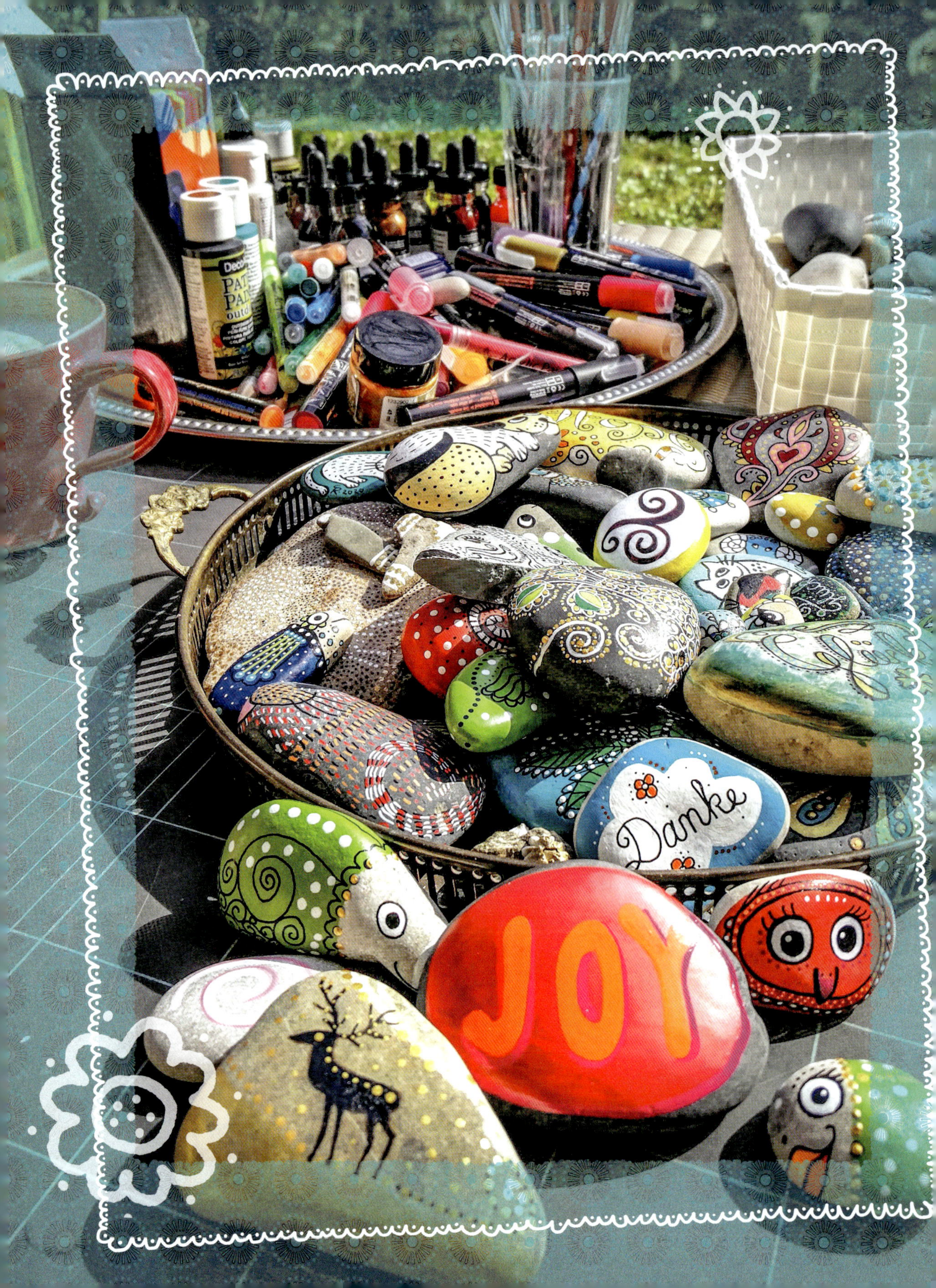
Danke
JOY

Vorwort

Auf Steine zu malen macht Spaß, es geht einfach und schnell, jeder kann es lernen. Ich selbst habe als Kind gerne Steine bemalt, dann ist es in Vergessenheit geraten, bis ich es während meiner Auszeit in Kanada wieder neu für mich entdeckt habe. Auf einem Markt dort habe ich einen Stand mit vielen bunten Steinen bewundert, einen bemalten Stein gekauft, mit der Künstlerin Cathie Grindler geplaudert und mich erinnert – daran, wie ich als Kind Steine als Marienkäfer bemalt, Gesichter in den Steinen entdeckt oder Blumen darauf gezeichnet habe. Dabei konnte ich die Zeit und alles um mich herum vergessen. »Geh zum Strand, laufe barfuß über die Steine, sei wieder Kind«, hatte Cathie zu mir gesagt. Das tat ich – und dann bin ich losgezogen und habe mir Farben und Pinsel besorgt und begonnen zu malen. Die auf meiner kanadischen Insel bemalten Steine habe ich alle verschenkt, es ging mir nicht darum, sie zu besitzen, sondern die Stille und Muße während des Bemalens zu genießen.

Sei du auch wieder Kind! Sammle bei Spaziergängen Steine, die du gerne bemalen möchtest. Runde Steine, flache Steine, große und kleine Steine, Steine in bizarren Formen, raue und glatte Steine. Bemal sie für dich, für Freunde, mit deinen Kindern, als Geschenke, Tischdekoration oder für eine Steinschlange. In diesem Buch werde ich dir verschiedene Techniken erklären, mit denen du die Steine gestalten kannst, dir viele Anregungen und Motive zur Vorlage geben. Sie eins zu eins zu übertragen wird nicht immer funktionieren, denn jeder Stein ist einzigartig – wie du. Jeder hat seine eigene Geschichte, seine individuelle Form, seine Farbe und Oberfläche. Lass die Steine ein wenig mitentscheiden, was sie gerne werden möchten – ob sie lieber eine Blume, ein Schmetterling oder eine Katze sein möchten oder welche Botschaft sie tragen wollen. Schließlich haben sie Millionen von Jahren darauf gewartet, von dir gefunden zu werden. Lass dich von meinen Motiven inspirieren und tauch ein in die bunte Welt der bemalten Steine. Finde heraus, was deine Lieblingssteine sind, was du am liebsten malst. Am Anfang meiner künstlerischen Tätigkeit, auch schon im Studium, habe ich oft versucht, mich zu verbiegen und die Stile anderer zu imitieren – aber es ist mir nie wirklich gelungen. Als Inspiration ist es gut, über den eigenen Tellerrand zu blicken, so haben es Kunstler schon immer gemacht. Aber bei meiner Suche drängte stets mein eigener Stil nach vorne, ob ich wollte oder nicht. Heute sehe ich das als Stärke und mag meine eigene Handschrift. Wozu eine andere nachmachen? Finde auch du heraus, wie du am liebsten malen möchtest. Dafür kannst du die Techniken im ersten Kapitel ausprobieren. Kauf dir anfangs nur wenige Farben und Stifte, vielleicht hast du ja schon genug zu Hause, um loszulegen – dafür kann schon ein Filzstift genügen. Wenn du dann noch ein Kiesufer in deiner Nähe hast, steht deiner Kreativität nichts mehr im Weg. Apropos: Wenn du Steine sammelst, dann gehe mit Bedacht vor. Raubbau ist – wie in der ganzen Natur – auch hier nicht angesagt. Du kannst ruhig wie ein Pilzsammler deine Fundstellen für dich behalten, so werden sie geschont. In Bau- und Gartenmärkten kannst du außerdem Steine kaufen, denn in manchen Gegenden gibt es nur sehr wenige Steine zum Sammeln.

Der schönste Aspekt des Steinebemalens ist in meinen Augen, dass sie meistens anderen eine Freude bereiten sollen. Sei es als Überraschung am Wegesrand, als Teil einer Steinschlange oder als Geschenk. Wichtiger als Perfektion ist deswegen, dass du die Steine mit viel Liebe bemalst. Die wird der Beschenkte auf jeden Fall spüren. Du wirst überrascht sein, wie viele Menschen sich über einen bemalten Stein von dir freuen. Wir alle nehmen Steine gerne in die Hand, sie beruhigen uns und verbinden uns mit dem großen Ganzen. Selbst in der kleinsten Wohnung gibt es Platz dafür. Und wenn du doch einmal Platz für neue Steine brauchst, dann leg ein paar deiner Werke aus – sie werden schnell neue Besitzer finden, bevor sie erneut auf die Reise gehen.

Viel Spaß beim Suchen, Finden und kreativen Bemalen!

Christine

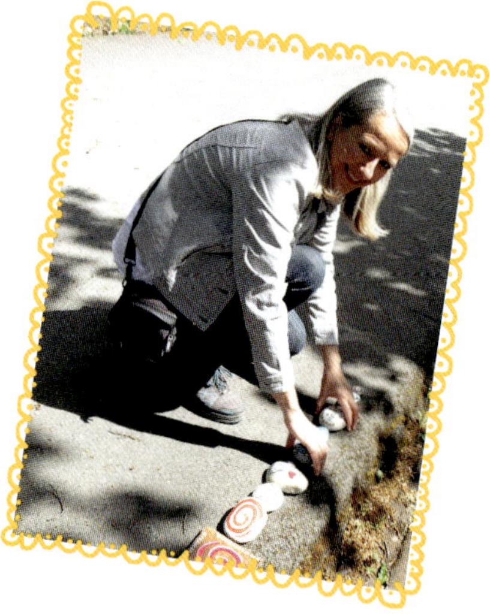

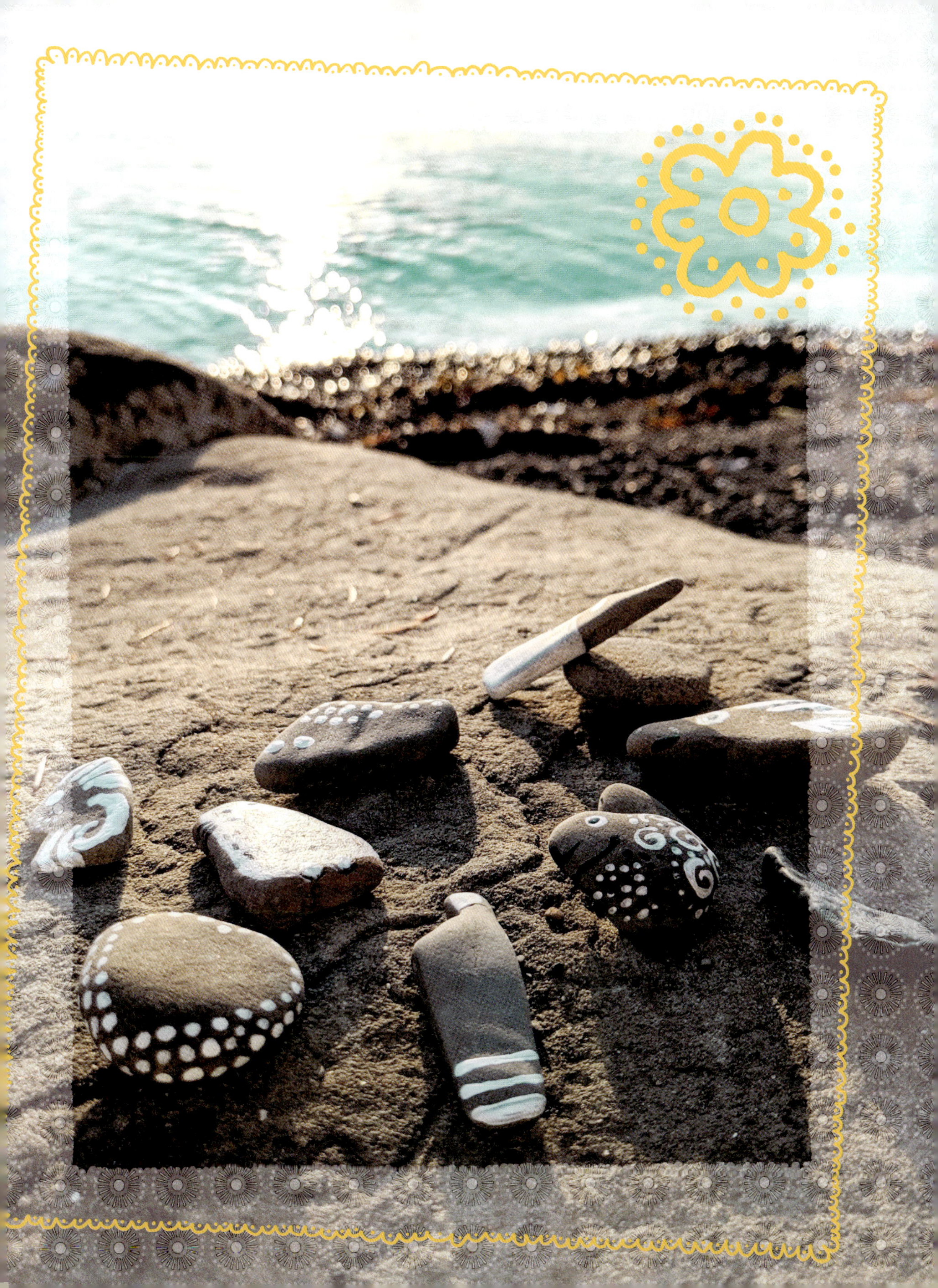

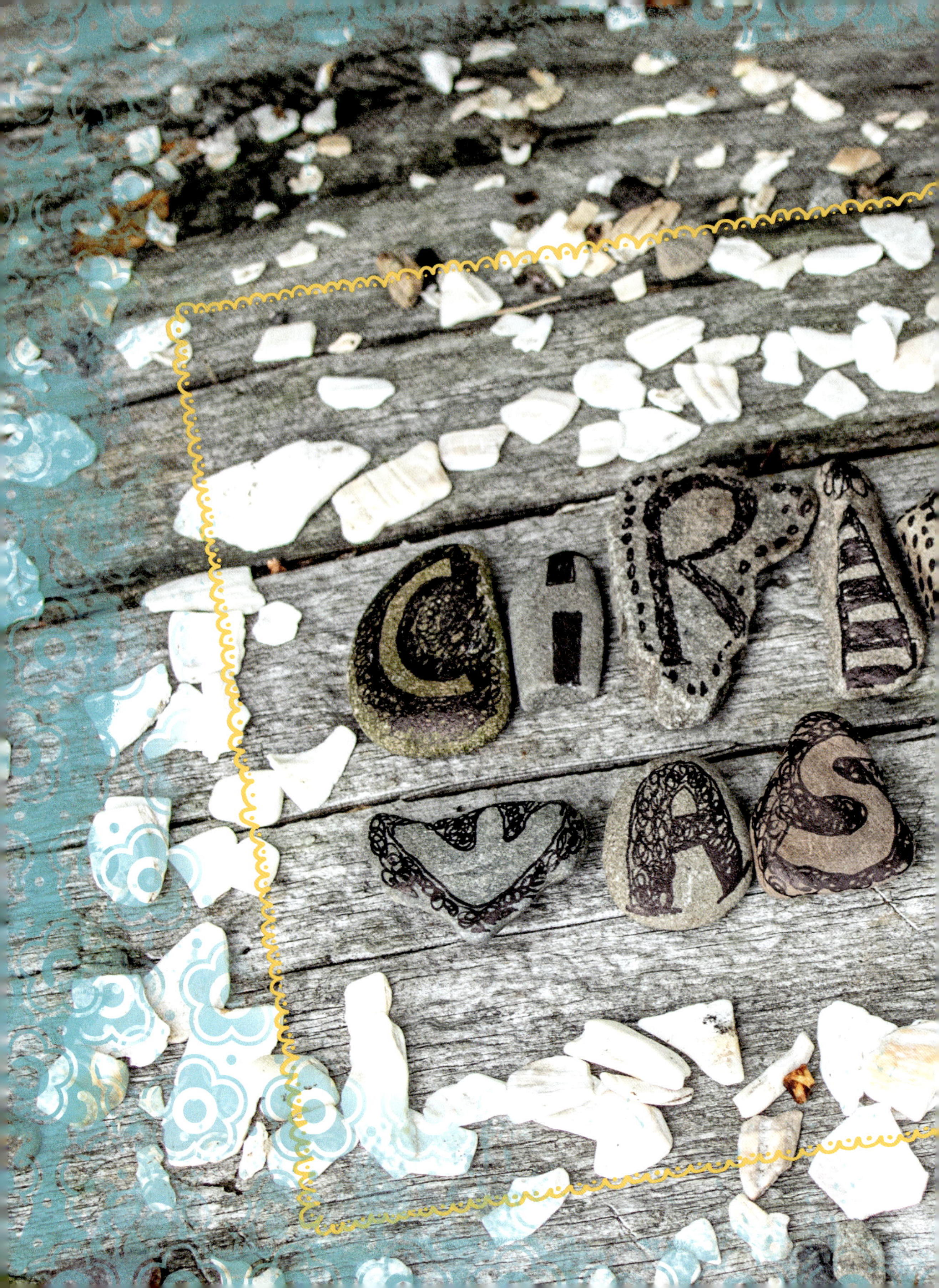

GRUNDLAGEN

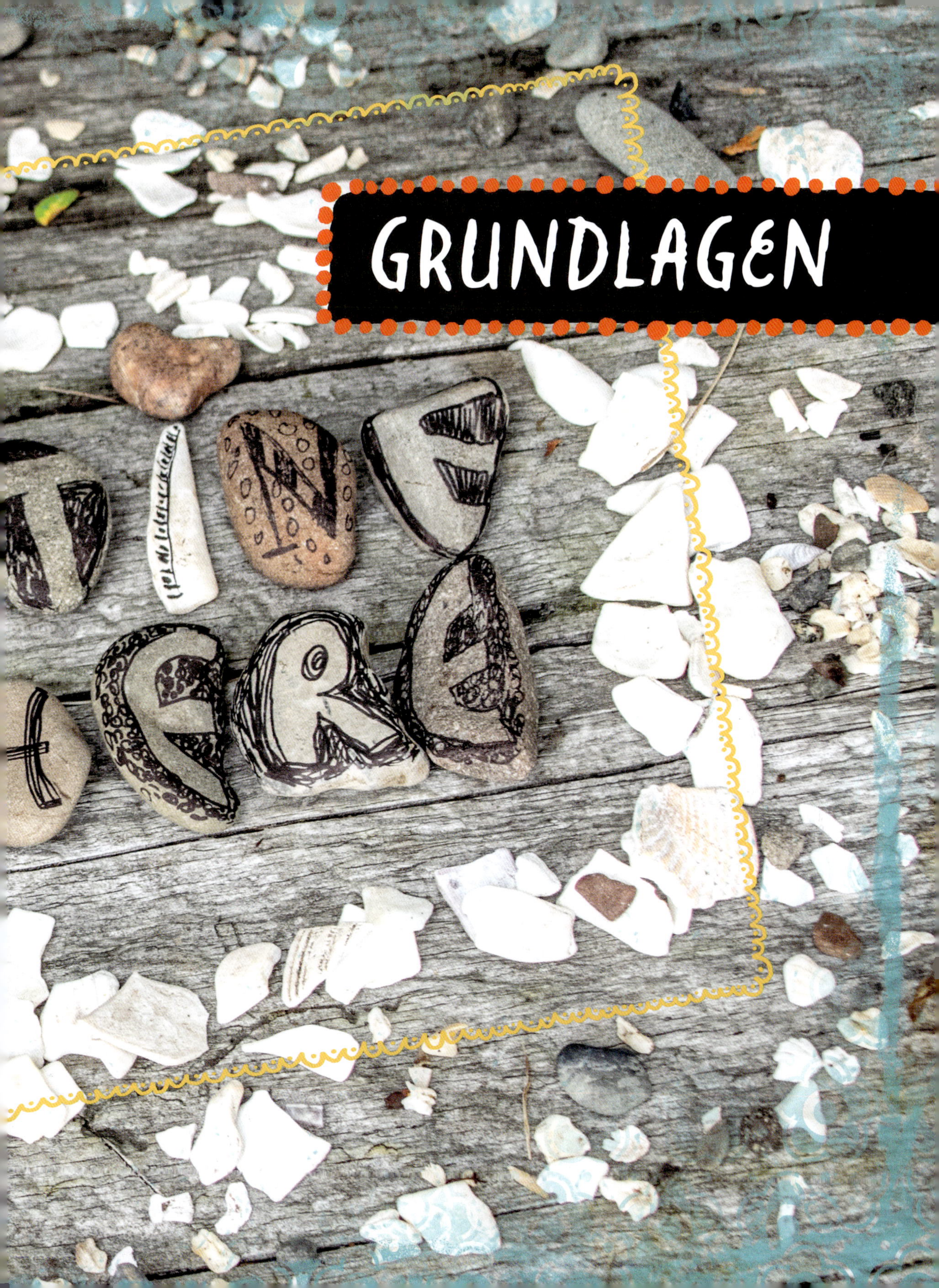

Bevor du loslegst

Grundsätzlich ist alles erlaubt, was dir gefällt. Die Wahl der Mittel hängt aber davon ab, ob du den Stein für drinnen oder draußen bemalst, ob er wetter- oder abriebfest sein muss, ob er für immer schön bleiben soll oder sich ruhig abnutzen darf. Gestaltest du mit Kindern Steine, darf es meistens nicht zu kompliziert sein und nicht zu lange dauern. Willst du sehr feine Motive malen, brauchst du neben Geduld dünne Pinsel oder Marker, ungiftig sollten die Farben immer sein. Auf den folgenden Seiten erkläre ich dir die Grundlagen der verschiedenen Techniken, die für Stein (fast) genauso gelten wie für Papier. Steine sind ein wunderschöner Malgrund. Das wussten schon die Menschen in der Steinzeit, deren geheimnisvolle Höhlenmalereien uns bis heute erfreuen. Lass dich von meinen Tipps und Motiven inspirieren, sei neugierig und kreativ. Viel Spaß dabei!

Vorbereitung und Finish

Du kannst an Ort und Stelle die Steine mit einem Acrylmarker oder einem wasserfesten Filzstift bemalen, du kannst sie aber auch erst mal mit nach Hause nehmen, gründlich waschen und eventuell sogar mit Schleifpapier ein wenig glatt schleifen. Das geht nicht bei allen Steinen – es kommt ganz darauf an, ob es ein samtiger Flusskiesel oder ein harter, glatter Stein ist. Je feiner du arbeiten möchtest, desto glatter muss der Stein sein. Für eine glatte Oberfläche kannst du die Steine auch mit weißer Acrylfarbe grundieren. Die matten Acrylfarben »Solo Goya« von Kreul eignen sich sehr gut als Untergrund, denn ein matter Untergrund ist wie ein Schwamm und nimmt die Farbe besser auf. Bei ganz hellen Steinen ist das Grundieren meist nicht nötig, aber bei dunklen Steinen hilft manchmal ein heller Untergrund, damit die Farben schön leuchten. Im Prinzip kannst du jede Farbe zum Grundieren verwenden – auch ganz normale Wandfarbe –, sie sollte nur nach dem Trocknen wasserfest und glatt sein. Natürlich kannst du auch in Schwarz oder einer anderen Farbe grundieren, zum Beispiel wenn du mit weißen Punkten darauf zeichnen möchtest. Planst du gerne ein bisschen genauer, dann lege mit Bleistift eine zarte Vorzeichnung an, wie ich es hier bei dieser Schnecke getan habe. Ich persönlich zeichne wenig vor, ich mache mir eine

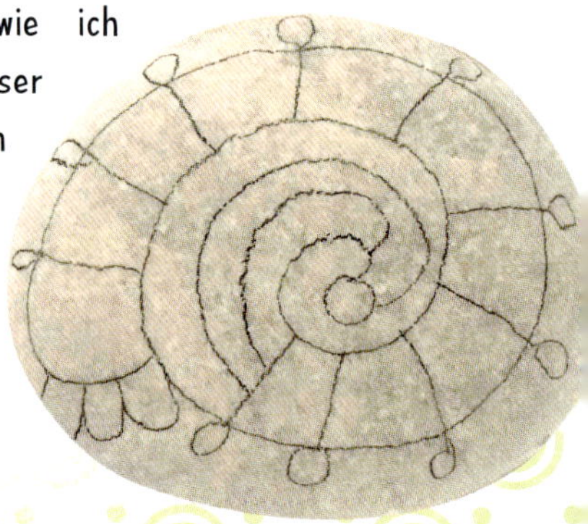

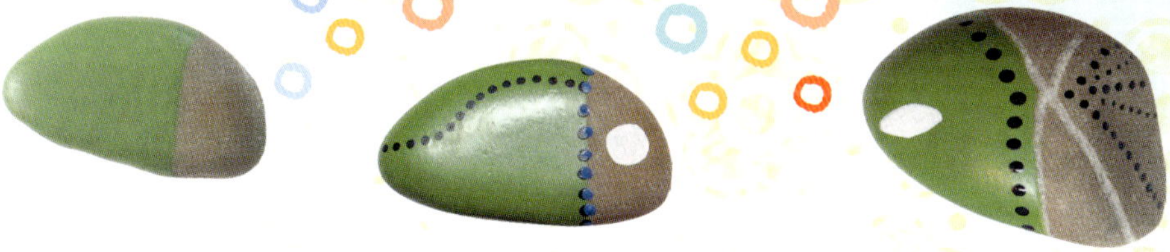

grobe Skizze auf Papier und dann lege ich los. Schlimmstenfalls wasche ich das ganze Motiv wieder runter, solange es noch nicht getrocknet ist, und helfe mit einer Bürste oder einem Topfreiniger nach. Hartnäckige Farben kannst du auch mit Schleifpapier entfernen. Bei glatten Steinen lässt sich Acrylfarbe manchmal wie eine Haut wieder abziehen. Natürlich kannst du auch alles immer wieder übermalen, bis es dir gefällt, aber dann geht irgendwann die schöne Haptik des Steins verloren, wenn er in Farbe ertrinkt. Am Ende lackiere ich die meisten Steine mit einem klaren UV-Lack, damit sie geschützt sind.

Wasserfeste Acrylmarker musst du nicht unbedingt lackieren, aber bei den Tuschen empfiehlt es sich, da sie nicht wasserfest auftrocknen. Lebt dein bemalter Stein vom Kontrast von matt und glänzend, dann musst du beim Lackieren natürlich die matten Stellen frei lassen. Ich habe auch andere Techniken auf Steinen ausprobiert wie Farbblockierer oder Glasmalfarben, die man im Ofen fixiert und die danach sogar spülmaschinenfest sind. Du wirst im Anschluss noch mehr Tricks entdecken, die nicht zu den klassischen Steinmaltechniken gehören, aber wie gesagt – es ist alles erlaubt, Hauptsache, es sieht gut aus und macht Spaß.

Mein Tipp

Es muss nicht immer perfekt sein, also sei nicht zu streng mit dir! Manchmal muss ein Motiv wachsen, bis es gelungen ist, da sieht nicht jeder Zwischenschritt schön aus.

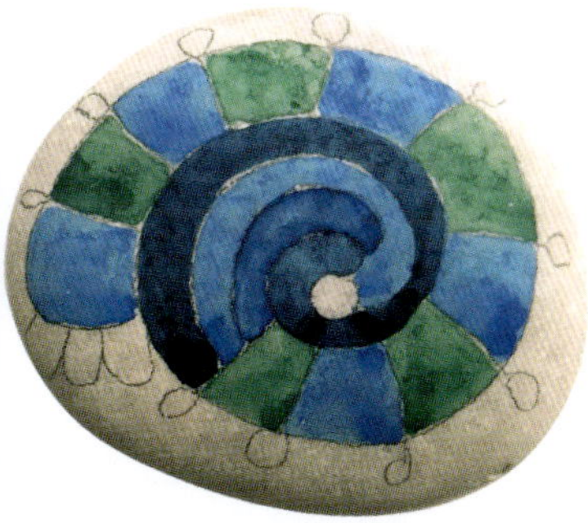

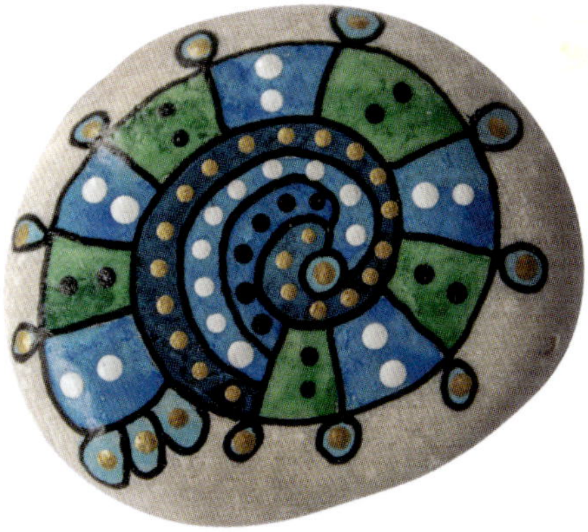

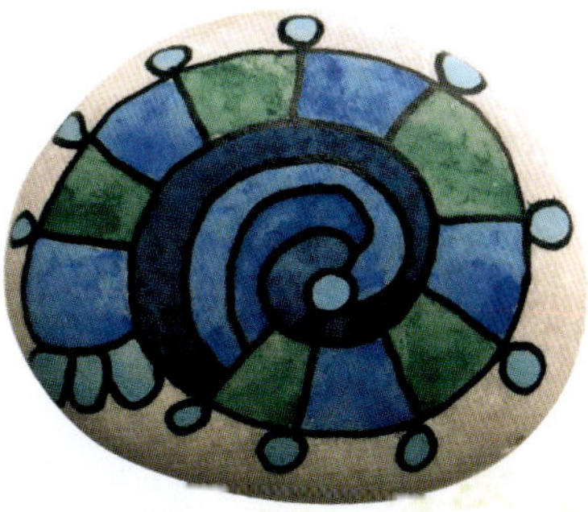

Tipps und Tricks

Vielleicht hast du gerade erst mit dem Malen angefangen und bist froh, wenn du ein paar einfache Tipps bekommst. Es gibt so viele Möglichkeiten und letztendlich muss jeder seinen eigenen Weg finden – aber ein paar Basics möchte ich hier festhalten, damit deine Kreativität fließen kann. Oder du hast schon viel gemalt, aber noch nie auf Stein. Dann erhältst du hier ein paar Infos, die dir den Einstieg erleichtern. Jeder Stein ist ein einzigartiges Stück Natur, jeden gibt es nur einmal auf der Welt – wie dich. Lass ihn strahlen!

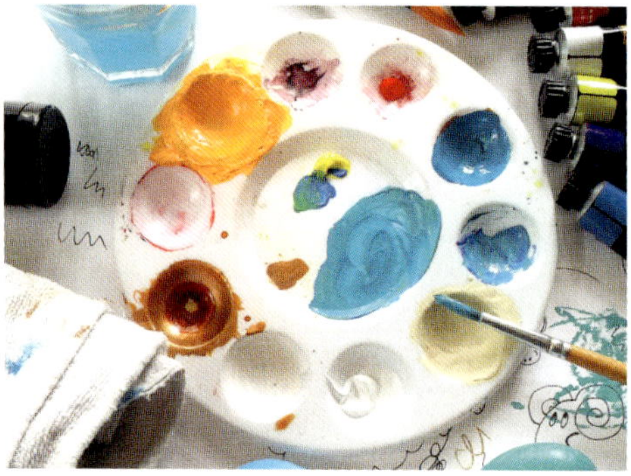

Paletten und Schälchen

Um mit Acrylfarben und -tuschen zu malen, brauchst du eine kleine Palette mit Vertiefungen, in denen du Farben mischen kannst, ohne dass sie ineinander verlaufen. Bei dickflüssigeren Farben genügt ein Teller. Du kannst dir auch in kleinen Schraubgläsern Farben mischen, wenn du mehr von einer Tönung haben möchtest, so trocknen die Farben nicht ein, wenn du die Gläser gut verschließt. Auf der Palette musst du die Farben zügig verarbeiten, denn Acrylfarben trocknen schnell. Die Palette solltest du zwischendurch reinigen – achte darauf, dass keine groben Farbreste in den Ausguss gelangen.

Das brauchst du auch:

- Dickeres Papier oder einen Karton als Unterlage, damit du deinen Arbeitstisch schonst. Darauf kannst du auch kleine, schnelle Skizzen machen.
- Schleifpapier, falls du die Steine besonders glatt haben möchtest. Nach dem Schleifen musst du den Stein noch mal mit Wasser abspülen und trocknen.
- Bleistift für Vorzeichnungen und Skizzen
- Radier- oder Knetgummi
- Lappen zum Pinselabwischen
- Wasserglas zum Auswaschen der Pinsel
- Föhn, damit die Farben schneller trocknen

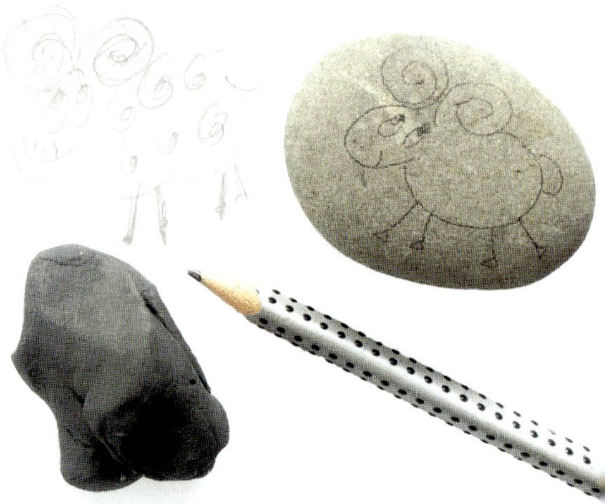

Kleine Steinkunde

Die schönsten Steine findest du am Wasser, vor allem an Flüssen, durch das stetige Fließen sind sie glatt geschliffen und rund. Allerdings führen nicht alle Flüsse Steine mit sich, das tun meist nur die, die aus dem Gebirge Geröll mitbringen, das sie im Lauf der Zeit zu runden Kieseln abschleifen. Am Meer kannst du natürlich ebenfalls viele Steine entdecken, manche Seen haben ergiebige Kiesufer. Auch auf Feldern liegen Steine verstreut, die manchmal mehr durch ihre bizarren Formen als durch ihre glatte Perfektion bestechen. Es muss ja nicht immer der rund geschliffene Kiesel sein, den du bemalst, lass dich von dem inspirieren, was du findest.

Die Oberflächen der Steine sind sehr unterschiedlich, manche sind hell und rau und saugen die Farbe geradezu auf, andere sind so glatt, dass die Farbe an ihnen abperlt und du sie vorbehandeln musst, indem du sie grundierst. Manche haben schöne Adern, die du in dein Motiv miteinbeziehen kannst, andere weisen eine schöne Form auf, aber keine schöne Farbe. Die grundierst du dann im Ton deiner Wahl. Um zu sehen, wie ein Stein mit Klarlack überzogen aussehen würde, musst du ihn lediglich nass machen.

Wo immer du sammelst – geh respektvoll mit der Natur um, auch mit den Steinen. Wenn du – wie ich – in einer Gegend wohnst, in der es nicht so viele geeignete Steine gibt, dann kannst du auch in Baumärkten Kieselsteine kaufen. Gekaufte Steine vermitteln dir aber nie so ein schönes Gefühl, wie wenn du bei einem Spaziergang am Strand oder am Flussufer die Zeit vergisst und Steine sammelst, bis nichts mehr in deine Hosentaschen passt.

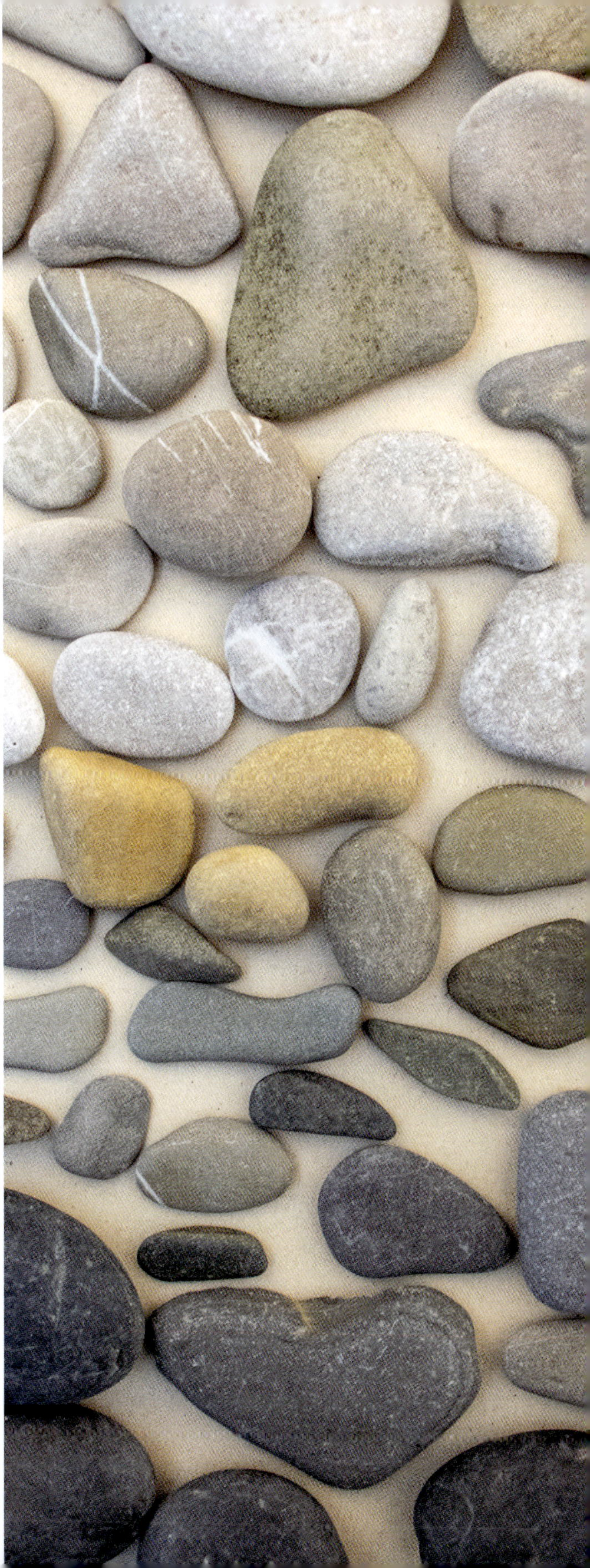

Stifte und Werkzeug

Mit Markern und Stiften kannst du immer und überall losmalen und deine Ideen umsetzen. Du wirst feststellen, dass nicht jeder Stein die Farbe gleich annimmt, dass nicht jede Farbe einer bestimmten Marke sich gleich verhält und dass du wirklich schöne Punkte am besten mit speziellen Punkte-Werkzeugen hinbekommst. Auch mit Feder und Tusche kannst du Steine bemalen oder mit ganz normalen, wasserfesten Filzstiften. Probiere einfach alles Mögliche aus und finde heraus, was dir am meisten liegt.

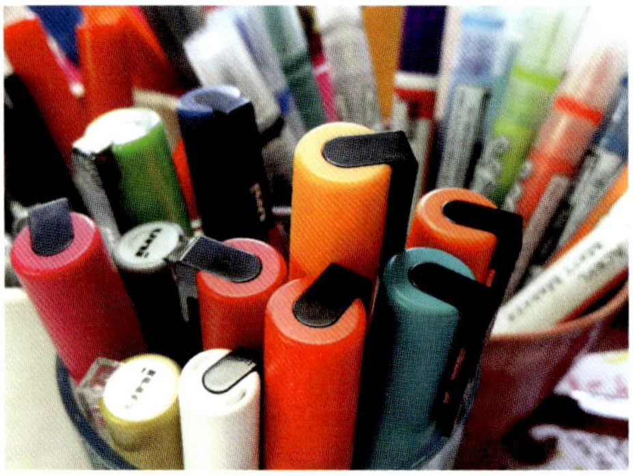

Acrylmarker

Acryl- und Pigmentmarker sind die einfachsten Hilfsmittel, um Steine zu bemalen, es ist aber gar nicht so leicht, wirklich gute Marker zu finden, denn sie müssen viele Kriterien erfüllen. Es gibt zahllose Hersteller, von Deutschland bis Japan, nachfüllbare Marker, Marker mit austauschbaren Spitzen, glänzende und matte. Marker die nicht halten, was sie versprechen und Marker, die zwar nachhaltig, weil nachfüllbar sind, deren Farbpalette aber etwas bieder daherkommt. Wer die Wahl hat, hat also hier die Qual – auf den nächsten Seiten gebe ich dir dazu noch viele Tipps, um dir die Suche zu erleichtern.

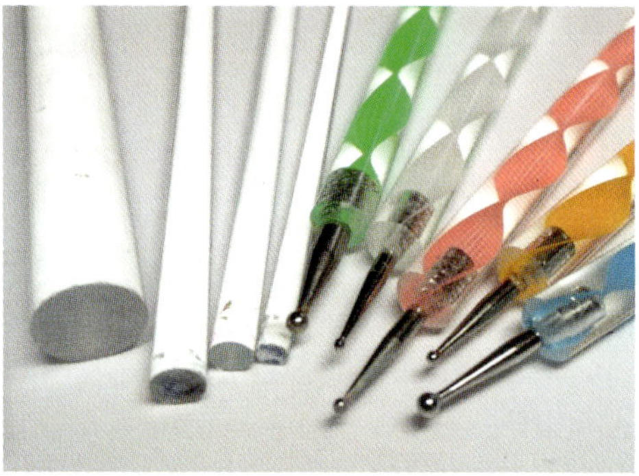

Punkte-Werkzeug

Gleichmäßige, satte Punkte malst du am besten mit speziellem Werkzeug: Plexiglas-Stangen in verschiedenen Stärken sind geeignet für dickere, größere Punkte, kleinere Punkte machst du mühelos mit den abgebildeten »Dotting-Tools«. Die Kugeln am Ende der Dotting-Tools sorgen für besonders feine, gleichmäßige Punkte. Es gibt noch viel mehr Dotting-Tools, letztendlich kannst du aber jedes Stäbchen verwenden, das die richtige Größe hat.

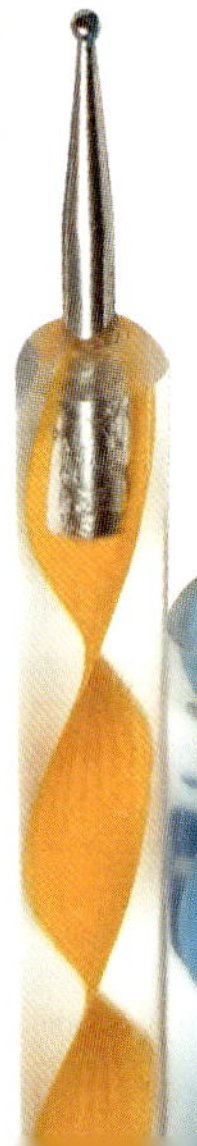

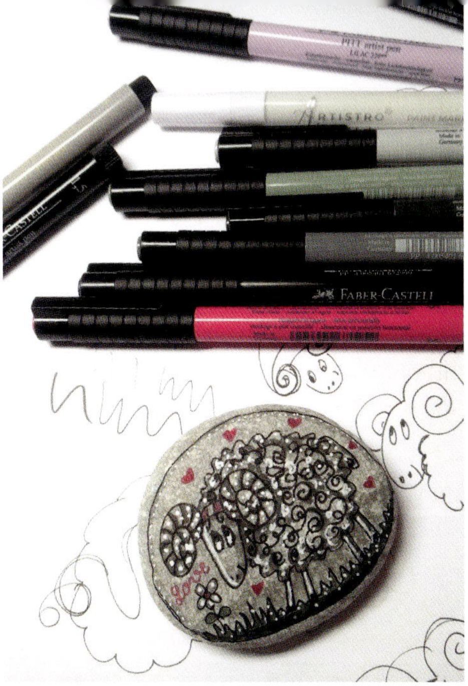

Stifte

Auch mit Filzstiften kannst du sehr schön und vor allem fein auf Steine malen oder zeichnen. Wasserfest sollten sie sein, wie die »Pitt Artist Pen Tuschestifte« von Faber-Castell. Es gibt sie in zahlreichen schönen Farben, mit Pinselspitze oder als Fineliner, mit denen du zarte Konturen und Linien zeichnen kannst. Das Besondere an ihnen ist, dass es sich um lichtechte Tuschefarben handelt. Die hellen Farben sind lasierend, die dunklen eher deckend. Vor allem auf hellen, matten Steinen kannst du mit ihnen wie gewohnt skizzieren und kolorieren. Für weisse Akzente brauchst du einen wasserfesten Acrylstift, dann kannst du das fertige Motiv am Ende mit Klarlack überziehen.

Pinsel

Wenn du mit Tubenfarben oder Tuschen malen möchtest, brauchst du natürlich Pinsel. Es gibt günstige Synthetikhaar-Pinsel, die stabil sind und eine schöne Spitze formen. Wichtig ist, dass die Pinsel keine Haare verlieren, denn schon ein einzelnes Haar, das sich aus der Spitze löst, kann eine dünne Linie ruinieren. Für eine dünne Spitze brauchst du nicht unbedingt den dünnsten Pinsel, ein dickerer Pinsel guter Qualität formt auch eine sehr feine Spitze und hält mehr Farbe als ein ganz dünner. Für eine feine Spitze drehst du den Pinsel mit Farbe auf der Palette oder auf deiner Malunterlage. Ist die Spitze einmal ruiniert, so malt selbst der dünnste Pinsel nicht mehr fein. Deswegen lass die Pinsel nie im Wasser stehen, sondern wasch sie immer sofort nach dem Malen aus und bring sie vor dem Trocknen wieder in Form, indem du eine Spitze formst. Wenn du ein bisschen Spülmittel verwendest, kommst du bei Acrylfarben in der Regel ohne Pinselreiniger aus.

Mein Tipp

Benutze zum Farbenanrühren alte Pinsel, um die Spitzen deiner neuen Pinsel zu schonen – so bleiben diese länger in Form.

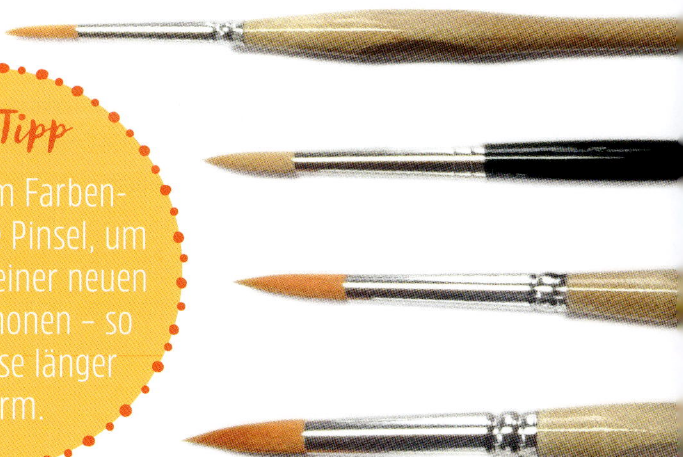

Farben und Tuschen

Acrylfarben und -tuschen sind besonders gut geeignet für das Bemalen von Steinen, weil sie schnell trocknen und brillant leuchten. Der Vorteil der Farben aus der Tube ist, dass du nur ein paar Grundtöne brauchst, um dir deine Lieblingsfarben zu mischen. Gut verschlossen halten sie über Jahre, ohne einzutrocknen. Wenn du lieber zum Pinsel als zum Stift greifst, sind sie für dich unentbehrlich, außerdem sind sie unschlagbar, wenn es darum geht, größere, gleichmäßige Flächen zu malen.

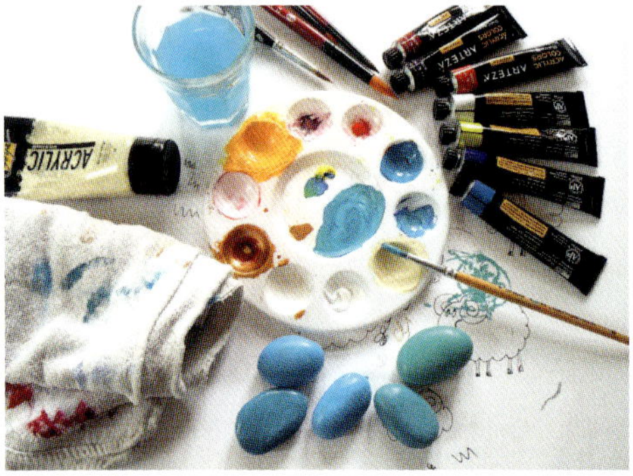

Acrylfarben

Es gibt sie glänzend oder matt, aus der Tube, im Glas oder in Flaschen. Entscheidend für ihre Brillanz ist die Qualität der verwendeten Pigmente. Früher wurden Farben aus natürlichen Materialien hergestellt, heute sind die meisten Pigmente synthetisch. In den Farbnamen spiegelt sich ihre Vergangenheit heute noch, so wurde Ultramarin-Blau aus Lapislazuli hergestellt, einem edlen Stein, der über das Meer (lat. ultramarinus) zu uns transportiert wurde. Sind sie gut durchgetrocknet, sind Acrylfarben wasserfest und können problemlos wieder übermalt werden, ohne sich anzulösen.

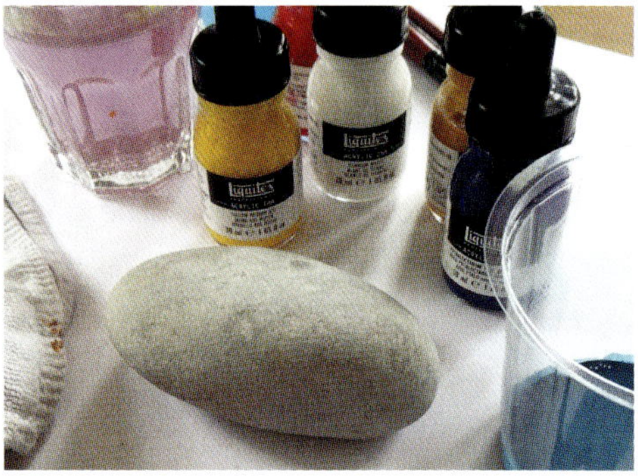

Acryltuschen

Acryltuschen (auch Pigmenttuschen genannt) lassen sich wunderbar untereinander mischen, sodass du nur die Grundfarben Gelb, Rot und Blau plus Weiß brauchst. Karminrot deckt sehr gut, Gelb braucht den Zusatz von Weiß, damit es deckend wird. Durch ihre hohe Pigmentierung sind Acryltuschen sehr ergiebig, ein paar Tropfen Farbe genügen für eine größere, streifenfreie Farbfläche. Es empfiehlt sich, sie am Ende zu lackieren, da sie nicht hundertprozentig wasserfest trocknen. Der Klarlack »Gloss Varnish« von Liquitex lässt sich ebenso streifenfrei wie die Tusche verarbeiten. Zwei oder drei dünne Schichten

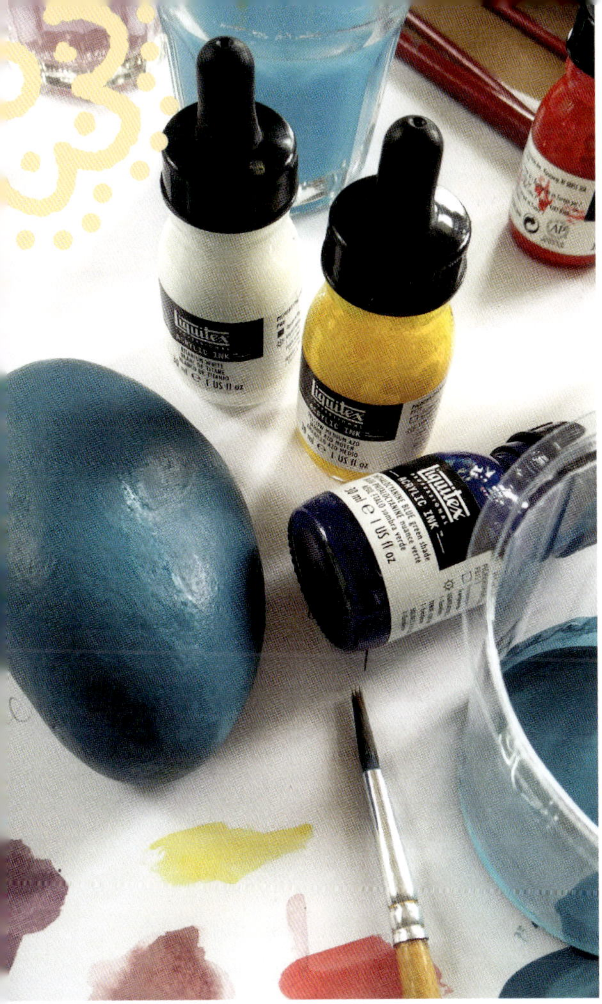

schützen deine Steinmalerei nicht nur vor Wasser, sondern auch vor dem Ausbleichen. Die Tuschen lassen sich sehr schnell mit dem Föhn trocknen, sodass sie die beste Wahl sind, wenn du große Steine rundum bemalen möchtest, ohne dass man den Pinselstrich sieht. Dafür ziehst du im Wechsel oben und unten zwei bis drei dünne Farbschichten auf, deren Grenzen du im trockenen Zustand nicht mehr sehen wirst. Um auf der mit Tusche aufgebrachten Grundfarbe das Motiv aufzumalen, solltest du eine Zwischenschicht Klarlack aufbringen, damit sie sich nicht wieder anlöst, auch wenn du mit Markern oder Acrylfarbe weitermalst. Dotting-Tools lösen die Farbe nicht wieder an. Acryltuschen sind perfekt, um auf hellen, saugfähigen oder hell grundierten Steinen Farbflächen nebeneinander zu malen und abschließend mit einem schwarzen, feinen Stift Konturen darauf zu zeichnen.

Tusche

Normale schwarze Zeichentusche ist im Gegensatz zu Tinte nach dem Trocknen wasserfest und löst sich nicht wieder an. Auf glatten Steinen kannst du mit einer Zeichenfeder eine Tuschezeichnung anbringen. Der Stein sollte wirklich glatt sein, damit sich die Feder nicht darin verhakt.

Glasmalfarben

Glasmalfarben (z. B. von Kreul) lassen sich weich vermalen, sie riechen nicht, können mit Wasser verdünnt werden und sind abwaschbar, bis sie im Backofen fixiert werden. Bei 160 Grad sind sie nach 90 Minuten sogar spülmaschinenfest. Es gibt sie in Gläsern oder als Stifte. Die Pigmentmarker von POSCA lassen sich nach Herstellerangabe ebenfalls im Ofen bei 160 Grad fixieren.

Farbblockierer

Masking-Marker oder Farbblockierer kennst du vielleicht schon aus der Seidenmalerei. Mit ihnen kannst du Linien, Schriften oder Muster aufbringen, sie mit Farbe übermalen und nach dem Trocknen entfernen, sodass die Zeichnung in der Farbe des Untergrunds stehen bleibt.

Die Techniken

Anhand von Beispielen, erkläre ich dir nun, wie du die verschiedenen Techniken einsetzen kannst, damit du deine Ideen zu Stein bringst. Die Basics dazu habe ich dir schon erklärt, nun geht es um den Aufbau: Wie fange ich an, was kommt am Schluss? Das kannst du dann auf alle Motive anwenden, ich werde nicht bei jedem Motiv jeden Schritt erklären, denn das Prinzip ist im Großen und Ganzen immer das gleiche. Was auch immer gilt, ist: Es ist alles erlaubt! Probier aus und sei kreativ!

ACRYLMARKER

Wie der Name sagt, enthalten diese Marker Acrylfarbe und sollten eigentlich wasserfest trocknen, was aber nicht immer zutrifft – auch wenn es auf der Packung steht. Überhaupt sind Acrylmarker eine Wissenschaft für sich – deswegen muss ich hier ein bisschen ausholen, um dir die Auswahl zu erleichtern.

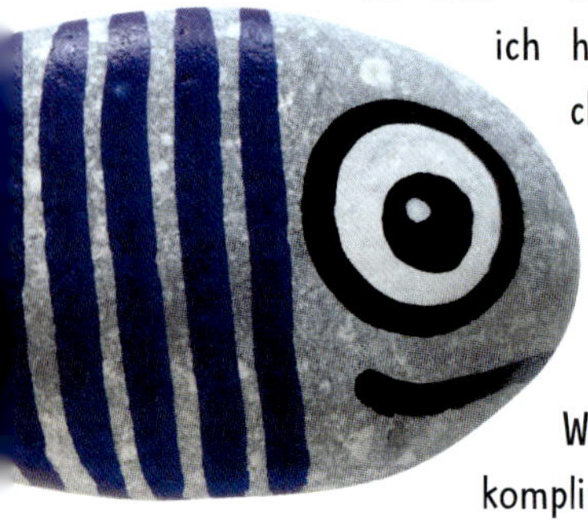

Willst du unkompliziert drauflosmalen und deine bunten Steine draußen auslegen, ohne sie zu lackieren, dann brauchst du wasserfeste Acrylmarker. Die nachfüllbaren Marker von Neuland sind nach dem Trocknen wasserfest und matt, die Spitzen sind austauschbar, die Palette von 19 Farben ist nicht üppig, aber brauchbar. Die Marker von Royal Talens gibt es in 46 Tönen, die Spitzen sind austauschbar, sie trocknen wasserfest und matt. Sollen die Steine glänzen, musst du sie lackieren, zum Beispiel mit Acryllack von Kreul oder »Gloss Varnish« von Liquitex.

Glänzende Zeichnungen auf blankem, mattem Stein – das hat aber auch seinen Reiz, wie bei den Streifenfischen hier. Dafür brauchst du glänzende Acrylmarker, Lackstifte kommen für mich wegen ihrer Ausdünstungen nicht infrage. Lass dich in einem gut sortierten Bastelladen beraten, da kannst du auch erst einmal ein, zwei Stifte kaufen, bevor du dich für eine Marke entscheidest. Den perfekten Acrylmarker habe ich noch nicht gefunden, leider!

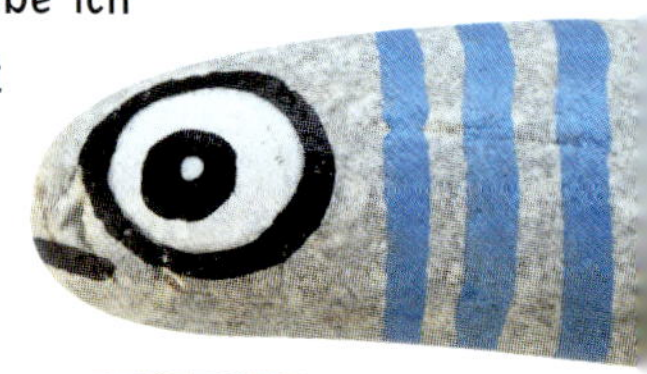

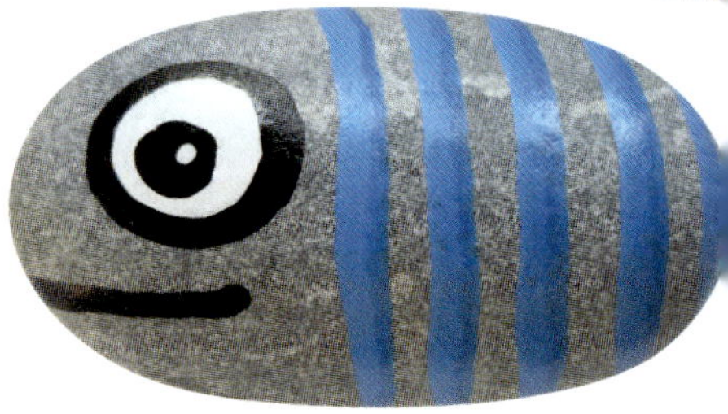

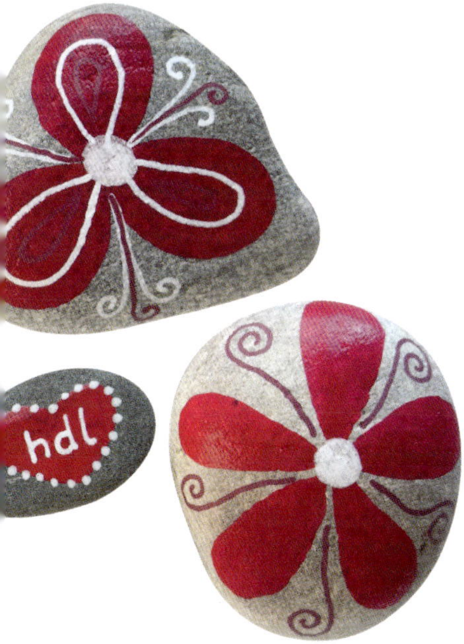

1 Steine, die in der Natur liegen sollen, fügen sich harmonisch ein, wenn man den ursprünglichen Stein noch sehen kann. Für diese hübschen Blumen und das kleine Herz erst mit einem dickeren Acrylmarker die Blütenblätter und das Herz aufmalen, trocknen lassen. Einen weißen Punkt in die Mitte setzen. Mit einem feinen, weißen und roten Acrylmarker mit Linien verzieren, fertig.

2 Für die Fische zunächst ein weißes Auge malen und trocknen lassen. Dann mit Schwarz die Pupille, den Rand und den Mund zeichnen. Blaue Streifen um die Körper – fertig sind die fröhlichen Badefische!

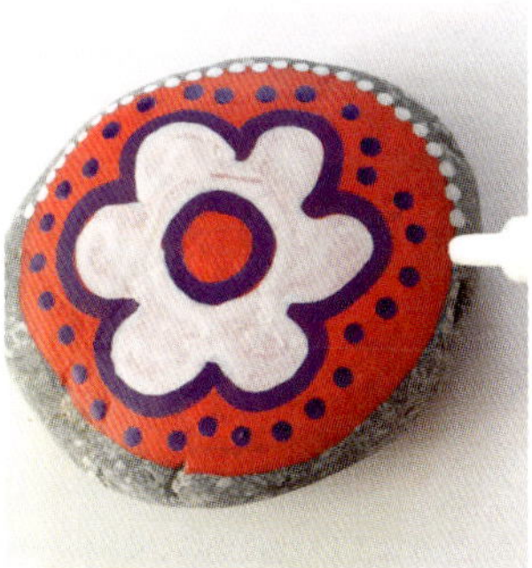

3 Soll es richtig bunt werden, muss mehr Farbe her! Dafür die Oberseite des Steins mit einem dickeren Acrylmarker in einer Lieblingsfarbe anmalen. Trocknen lassen. Mit Lila eine Blüte und Punkte daraufmalen, trocknen lassen. Mit Weiß ausmalen, trocknen lassen und wiederholen, damit das Weiß gut deckt. Den Rand mit weißen oder bunten Punkten verzieren – fertig.

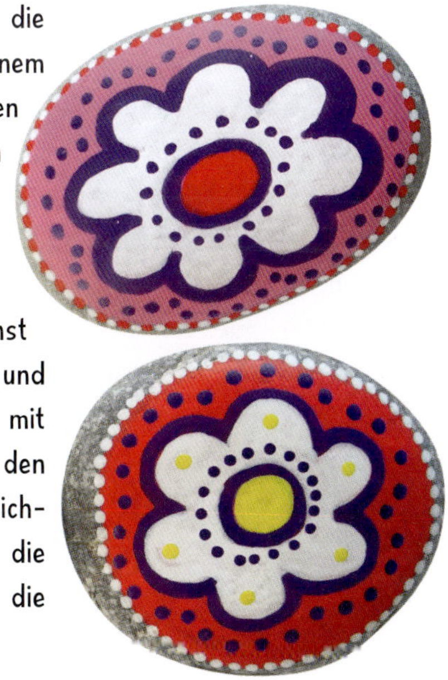

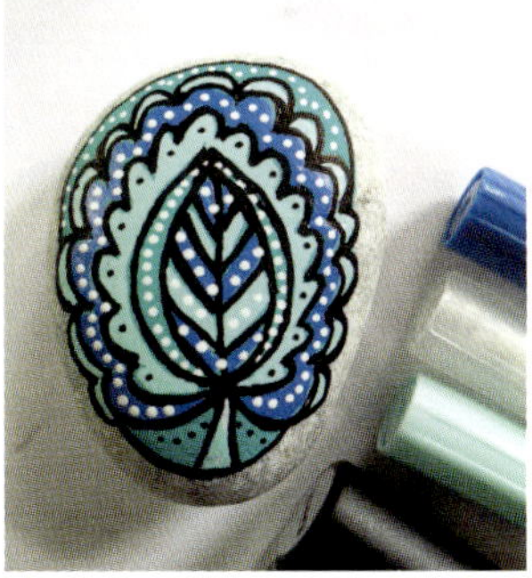

4 Für feinere Motive die Steine grundieren, mit feinen Acrylmarkern Konturen aufmalen, trocknen lassen. Flächen mit Farbe füllen, trocknen lassen. Konturen nochmals nachzeichnen, mit Punkten verzieren, fertig.

Mein Tipp

Schütteln, schütteln, schütteln. Alle Acryl- und Pigmentmarker musst du immer wieder kräftig schütteln, damit die Farbe gleichmäßig fließt. Setze dabei die Kappe auf den Stift!

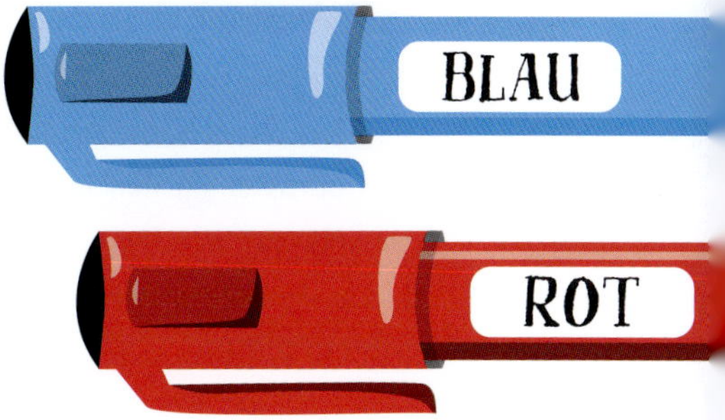

PIGMENTMARKER

Acrylmarker sind auch Pigmentmarker, beide enthalten Pigmente. Aber Pigmentmarker müssen keine Acrylmarker sein – es gibt sie auf Alkohol- oder Wasserbasis, manche sind wasserfest, andere nicht. Was wir für die Lieblingssteine brauchen, sind gut deckende Marker in vielen schönen Farben und den passenden Klarlack dazu, um deine Werke zu schützen. Der Wunsch nach dem perfekten Acrylmarker hat mich zu den Pigmentmarkern geführt, mit denen sich große Flächen gleichmäßig malen lassen, die es aber auch mit dünnen Spitzen für feine Details gibt. Am Beispiel der fröhlichen Monster zeige ich dir, wie du sie verwendest.

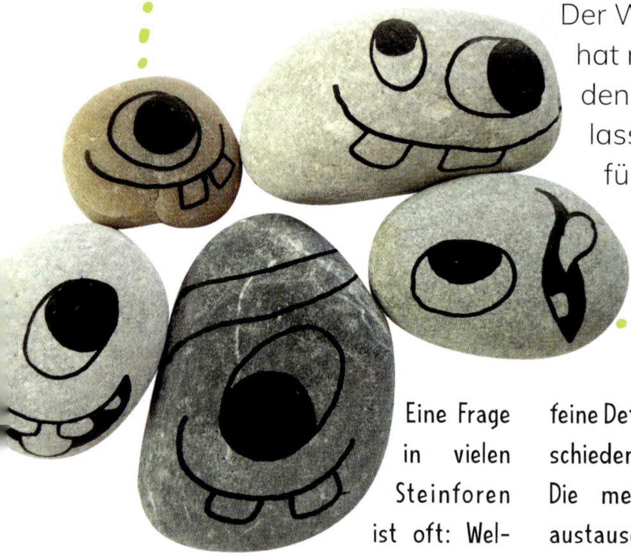

Eine Frage in vielen Steinforen ist oft: Welche Stifte verwendet ihr? Das heißt, ich bin nicht alleine mit meiner Suche nach dem perfekten Marker. Ich habe viele Produkte ausprobiert und kann die von POSCA empfehlen. Es gibt sie in 59 Tönen mit 8 verschiedenen Spitzen. Die Farben sind geruchlos und decken gut. Auf porösen Flächen halten sie sehr gut, mit den großen Spitzen lassen sich gut gleichmäßige Flächen malen. Für feine Details gibt es zwei verschiedene dünne Spitzen. Die meisten Spitzen sind austauschbar und trocknen in der Regel nicht ein – und wenn doch, kann man sie mit Wasser wieder zum Laufen bringen. Auch für sie gilt, was für alle Marker gilt: immer wieder schütteln und pumpen, sonst läuft nichts; und immer gut vor dem Übermalen trocknen lassen, sonst löst sich die Farbe wieder an. Auf glatten Flächen kann man sie wieder abwischen, das gilt auch für Grundierungen mit glänzender Acrylfarbe. Beim Fixieren mit Klarlack kann es dir dann passieren, dass die Zeichnung verwischt. Auf unbehandeltem oder mit matter Farbe grundiertem Stein trocknen sie aber gut und fest ein, lassen sich übermalen und beim Lackieren passiert nichts – vorausgesetzt, die Farben sind gut durchgetrocknet und du verwendest einen Lack auf Wasserbasis. Sei beim Lackieren trotzdem vorsichtig und schnell, vor allem bei der ersten Lackschicht.

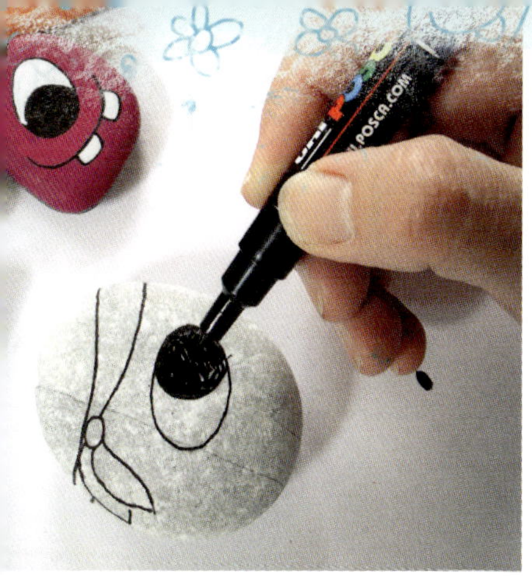

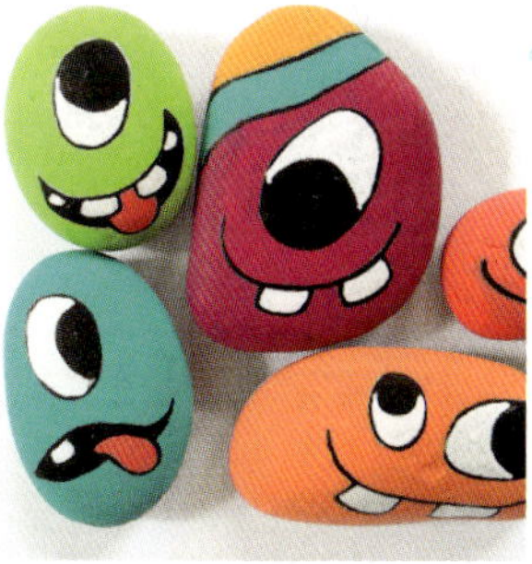

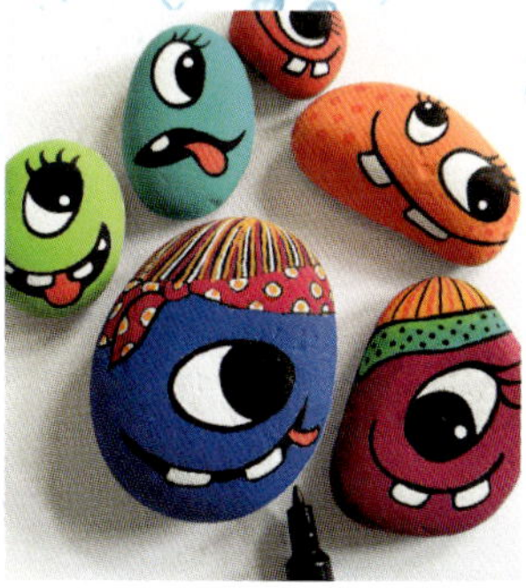

1 Mit einem feinen, schwarzen Pigmentmarker Augen, Mund und Zähne vorzeichnen. Ein solches Monster hat meistens nur ein Auge, wenige Zähne und manchmal eine Kopfbedeckung. Trocknen lassen. Die Wimpern werden später auf die Farbfläche gezeichnet.

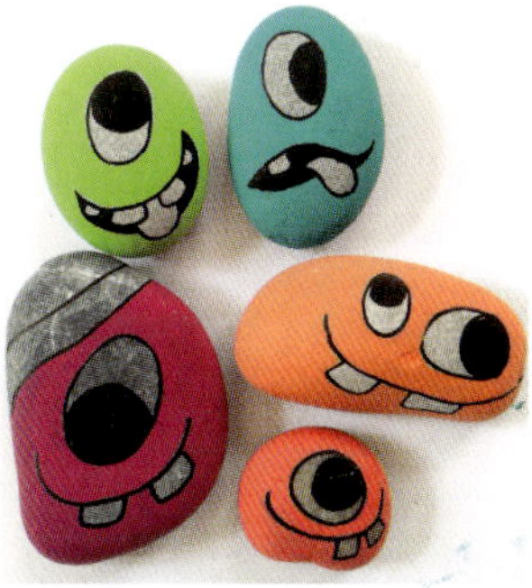

2 Um die Konturen herum die Steine in bunten Farben bemalen, trocknen lassen und falls nötig, eine zweite Schicht aufmalen.

3 Augen und Zähne weiß, Zunge und Kopfbedeckung bunt ausmalen, trocknen lassen. Falls nötig, eine zweite Schicht aufmalen, trocknen lassen.

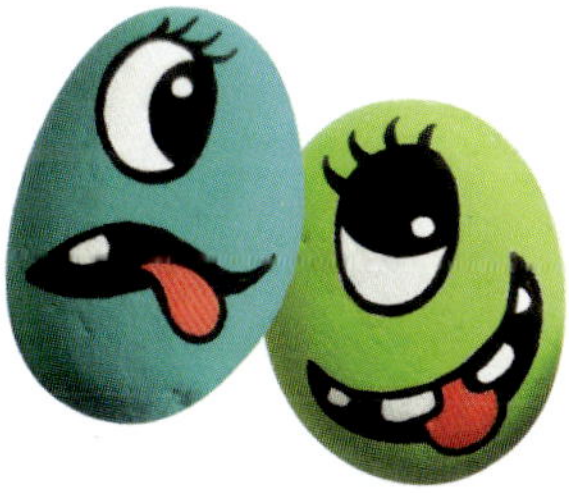

4 Ein paar Punkte und Streifen in die Mützen malen, trocknen lassen. Die schwarzen Konturen mit einem feinen Marker nachziehen, Wimpern aufmalen, trocknen lassen. Weiße Glanzpunkte in die Augen setzen, alles gut trocknen lassen. Zügig einmal dünn lackieren, trocknen lassen, noch mal lackieren, fertig!

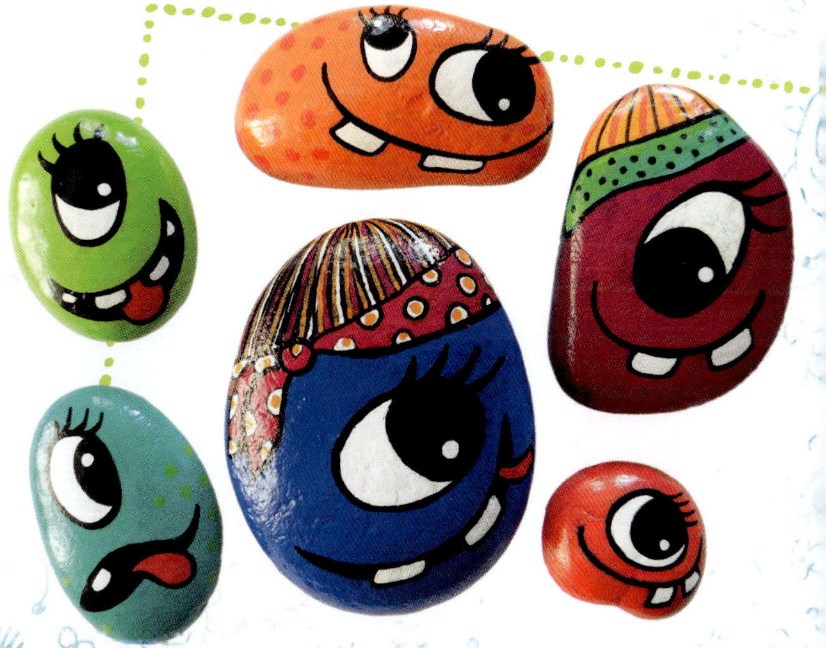

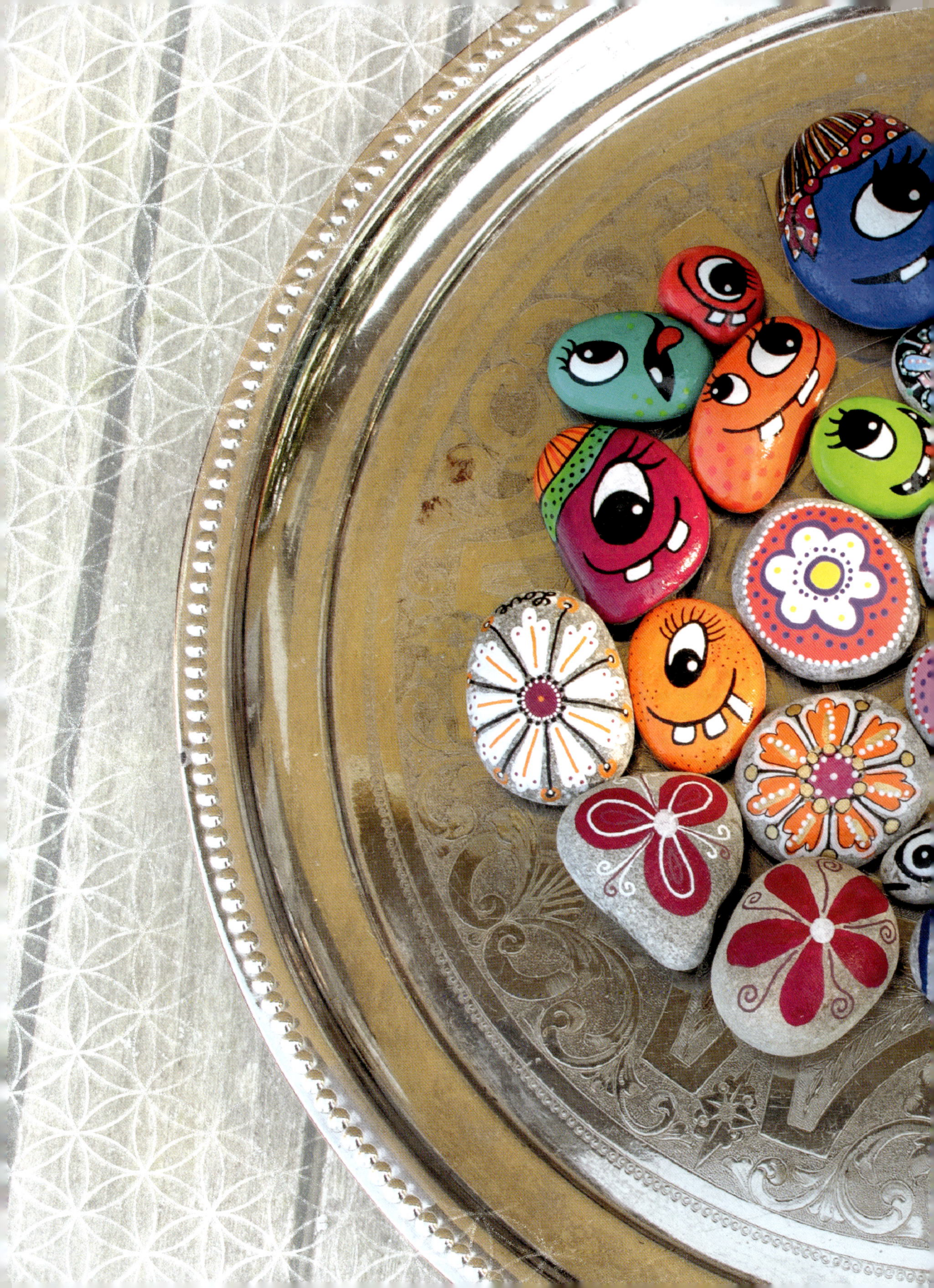
Love

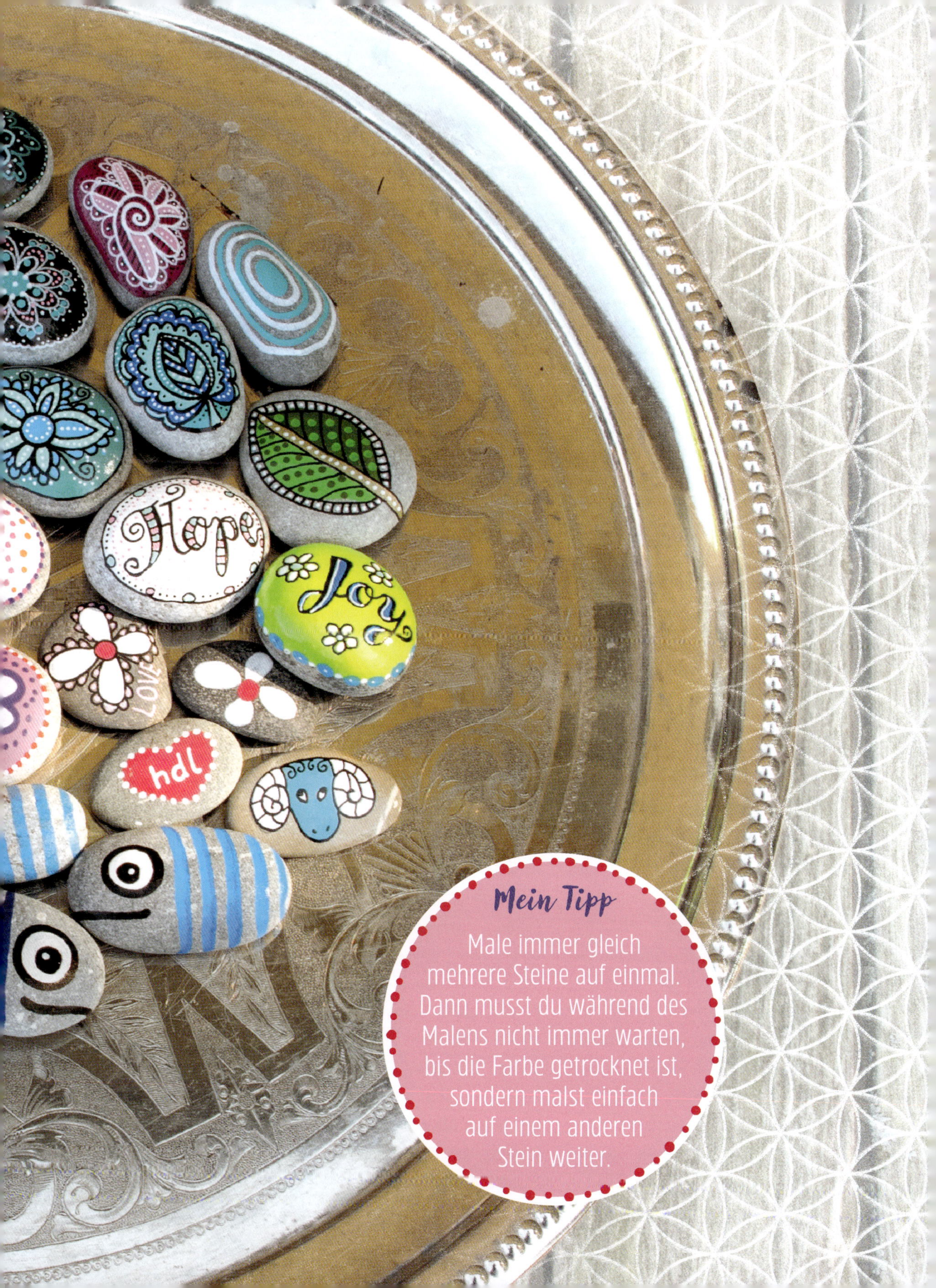

Mein Tipp

Male immer gleich mehrere Steine auf einmal. Dann musst du während des Malens nicht immer warten, bis die Farbe getrocknet ist, sondern malst einfach auf einem anderen Stein weiter.

ACRYLFARBEN

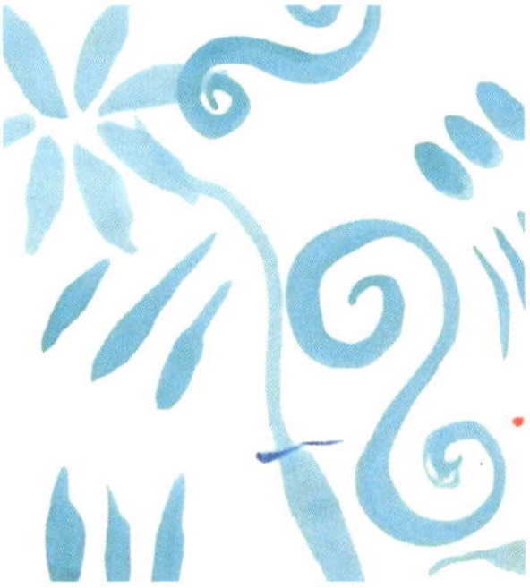

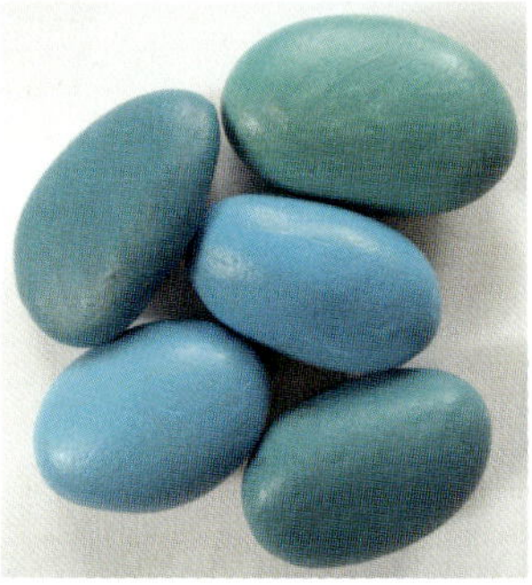

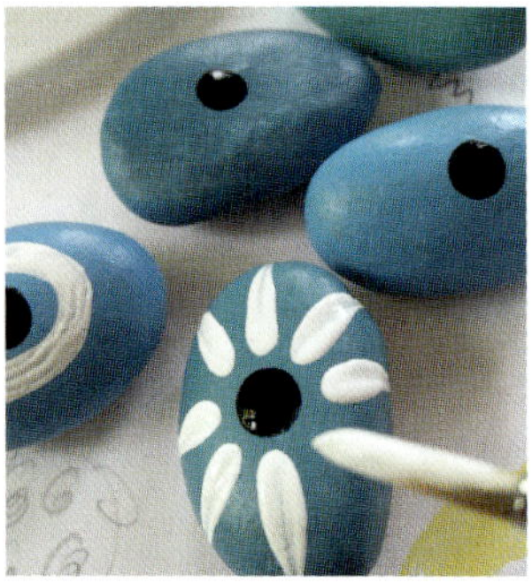

1 Um dich mit den Acrylfarben vertraut zu machen, experimentiere zunächst mit Farbe und Pinsel. Misch dir deinen Lieblingston und mach mit dem Pinsel ein paar Übungen auf Papier. Male Kreise, Spiralen, Wellen oder Blätter und drück mal fest und mal leicht auf. So kannst du ganz einfache Blütenblätter malen. Dreh den Pinsel während des Malens leicht um sich selbst und lass Linien von breit nach dünn auslaufen, dabei den Pinsel immer ziehen, nie schieben. Versuche, Linien, Kringel, Kreise und Blätter mit einem einzigen Pinselstrich locker aus dem Handgelenk zu malen. Lass so Motive entstehen, ohne genau zu planen, was es werden soll.

2 Bemale ein paar Steine in deiner Lieblingsfarbe. Ich liebe Türkis – deswegen habe ich es aus Blau, Gelb und Weiß gemischt – in ein paar Abstufungen, damit es lebendiger aussieht. Male nun die Steine in deiner Lieblingsfarbe an. Trag dafür dünne Schichten auf und lass sie zwischendrin trocknen, dazu kannst du auch mit einem Föhn nachhelfen. Je nachdem, ob der Stein die Farbe gut aufnimmt oder nicht, sind dafür zwei, drei Schichten nötig, damit am Ende eine schöne glatte Tönung entsteht. Lass dich nun von meinen einfachen Motiven inspirieren und schau, was bei deinen Übungen herauskommt – bei mir wurden es Augen und Blumen.

3 Gib einen Tupfen weisse und schwarze Acrylfarbe auf deine Palette und rühr sie jeweils mit ein wenig Wasser geschmeidig. Tauch einen Acrylstab mit 5–8 mm Durchmesser in die schwarze Farbe und bring auf jedem Stein in der Mitte einen Punkt auf. Dazu musst du den Stab fest aufdrücken, die Farbe darf nicht zu dünn sein, sonst verläuft sie. Der Punkt wird in jedem Fall größer als der Durchmesser des Acrylstabs, teste das

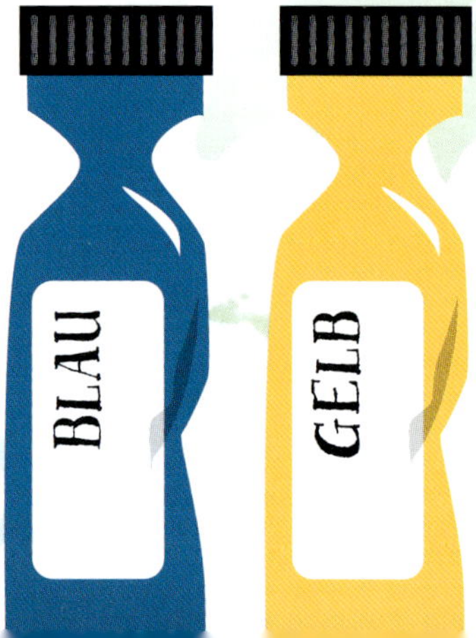

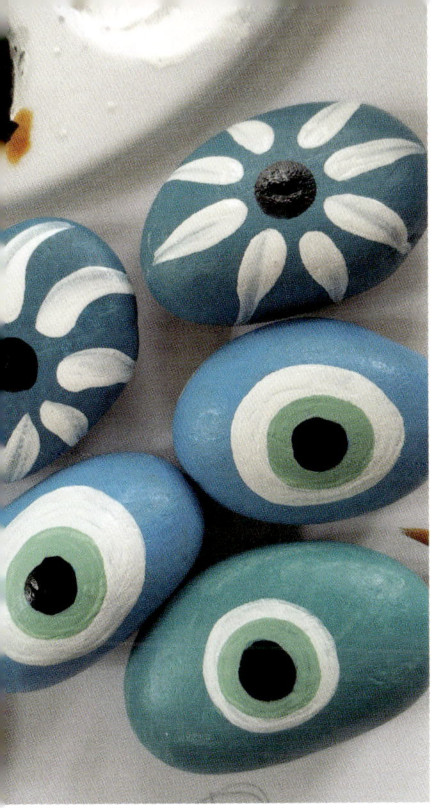

vorher auf dem Papier. Male anschließend mit dem Pinsel weiße Blütenblätter, indem du den Pinsel zur Mitte hin fest aufsetzt und ihn zum Rand hin auslaufen lässt – oder male weiße Kreise um den Mittelpunkt, was das Ganze wie Augen aussehen lässt. Noch einen grünen Kreis um die Pupille – fertig ist das Auge. Die beiden Blumen sollen bis auf ein paar zusätzliche Blätter so bleiben, bei den Augensteinen möchte ich noch Details hinzufügen, damit sie zum Leben erwachen. Zunächst muss alles gut trocknen.

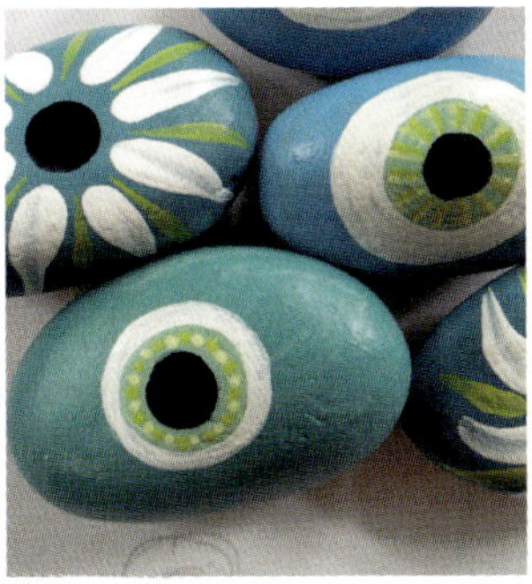

4 Kennst du das Funkeln in grünen Katzenaugen oder die Nuancen in deinen eigenen Augen? Um diesen Glanz zu erreichen, setzt du Akzente in Form von hellgrünen Punkten oder Linien in die Iris.

Male grüne Blätter zwischen die weißen Blütenblätter, indem du – wie bei den Blütenblättern – einen dünneren Pinselstrich von der Mitte aus schwungvoll nach außen spitz enden lässt.

Bei den blauen Augensteinen lasse ich die Pupille schwarz.

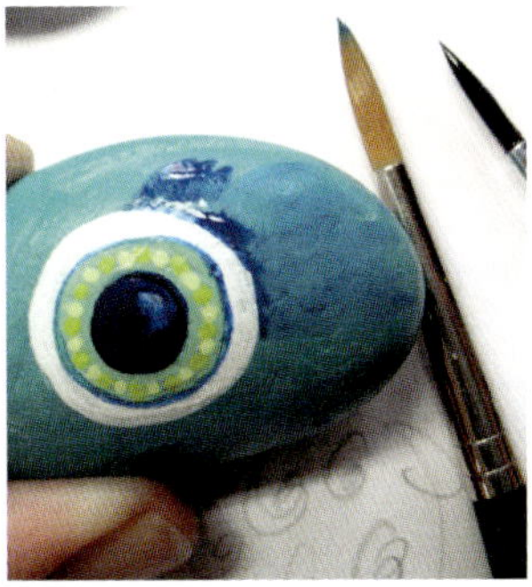

5 Bei dem grünen Stein setze ich stark verdünnte, blaue Acrylfarbe oben rechts neben den weißen Ring und verstreiche sie flott mit einem weiteren Pinsel – wie Lidschatten. Der Pupille gebe ich mit ein bisschen blauer und weißer Farbe Glanz.

6 Male mit dünnem Pinsel und schwarzer Acrylfarbe einen Mund auf, schwinge sanfte Linien oder gewundene Spiralen über den Steinkörper und verziere die beiden so entstandenen Fische mit dem Dotting-Werkzeug mit Punkten. Lass die beiden am besten über Nacht gut trocknen und lackiere sie mit Klarlack.

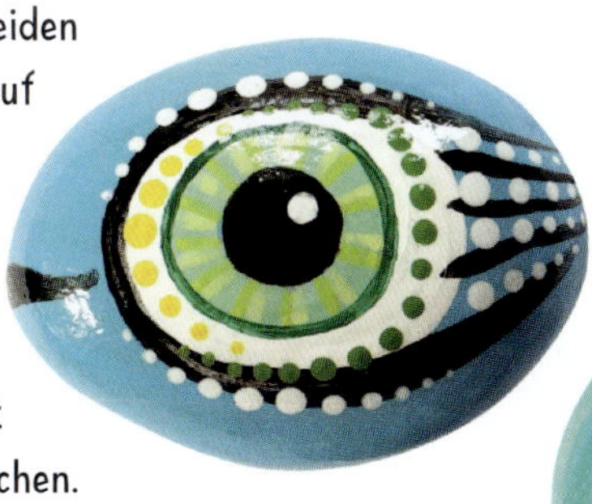

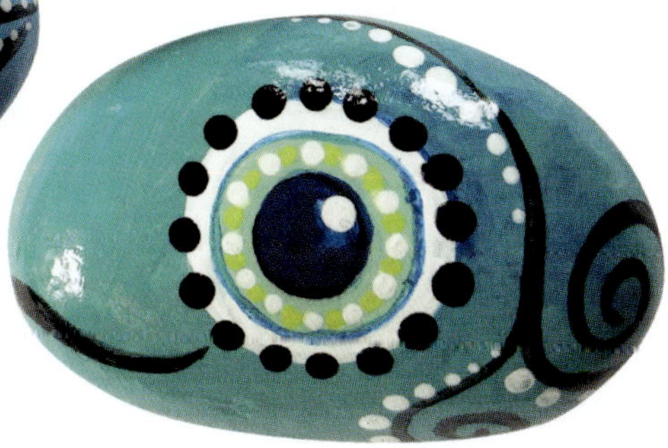

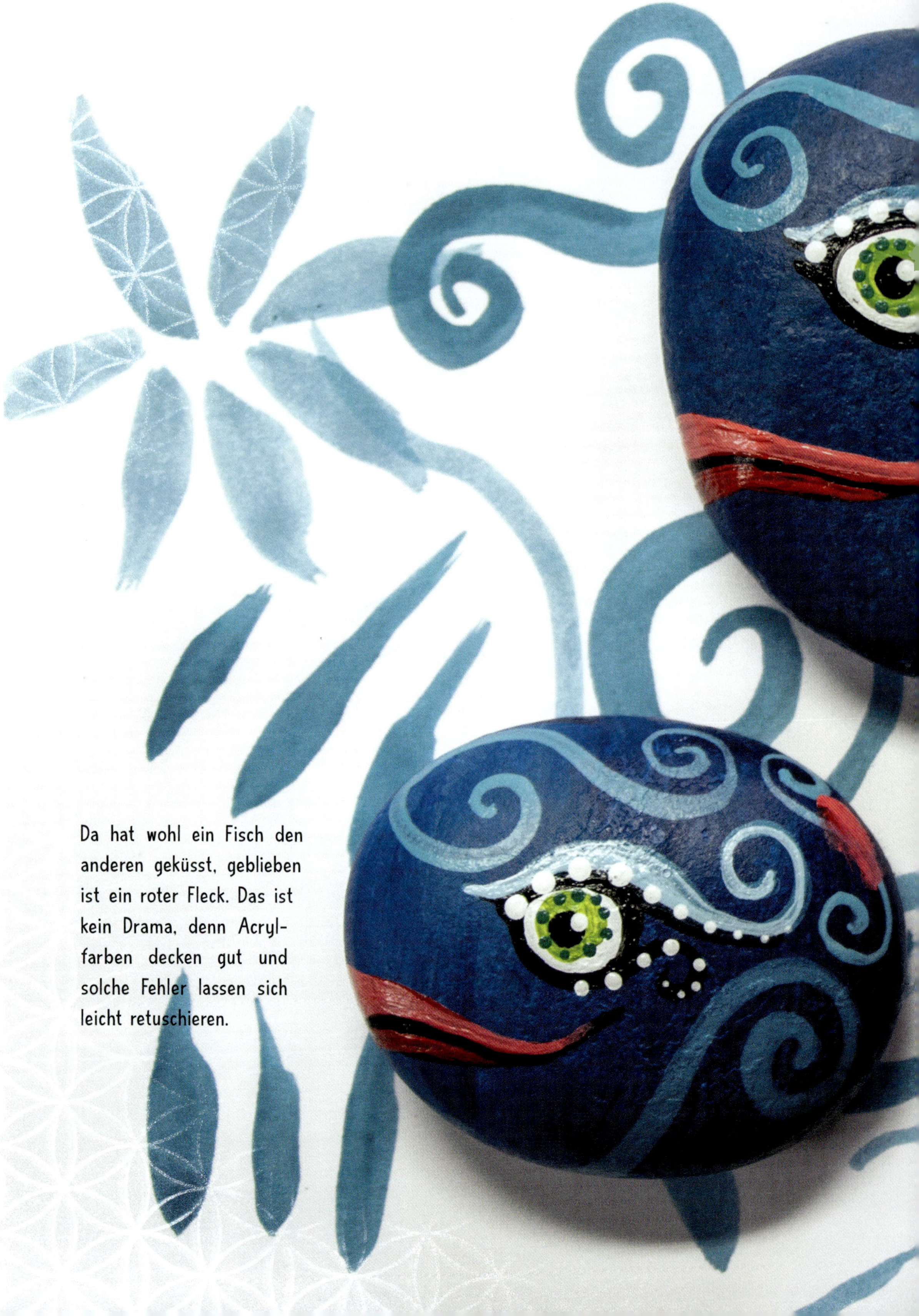

Da hat wohl ein Fisch den anderen geküsst, geblieben ist ein roter Fleck. Das ist kein Drama, denn Acrylfarben decken gut und solche Fehler lassen sich leicht retuschieren.

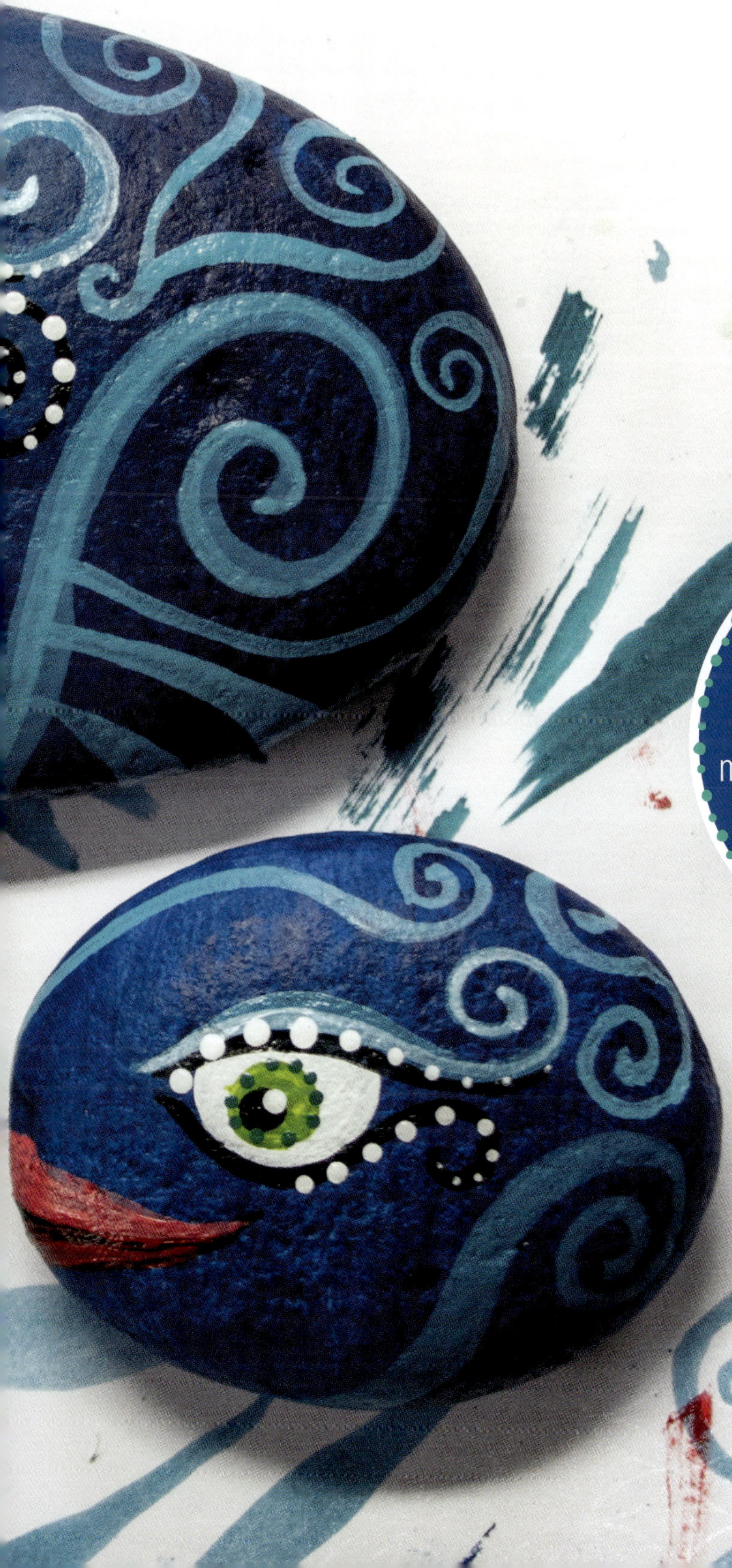

Diese blauen Fische sind mit Acrylfarben gemalt: Erst blau grundieren, dann weiße Augen, türkisfarbene Schnörkel und rote Lippen malen. Danach sind die grüne Iris und die schwarzen Linien dran. Zuletzt mit weißen und grünen Punkten verzieren.

Mein Tipp

Nutze immer die Vorteile der jeweiligen Technik: Bei Acrylfarben kannst du mit variierendem Pinseldruck schwungvolle Schnörkel malen und die Farbtöne selbst mischen.

ACRYLTUSCHEN

Dieses Beispiel erklärt sehr schön, wofür sich die Acryltuschen besonders gut eignen – nämlich zum Ausmalen von Konturen und Anlegen gleichmäßiger Farbflächen. Das Fuchsmotiv habe ich aus meinem Malbuch *Ich mal mich glücklich* genommen und der Form des Steins angepasst. Vielleicht hast du auch Malbücher zu Hause? Darin findest du viele Inspirationen für Motive mit Konturen zum Ausmalen. Schlaf gut, kleiner Fuchs!

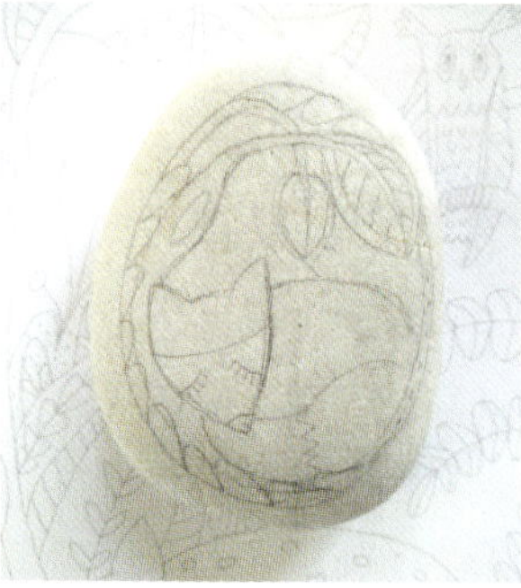

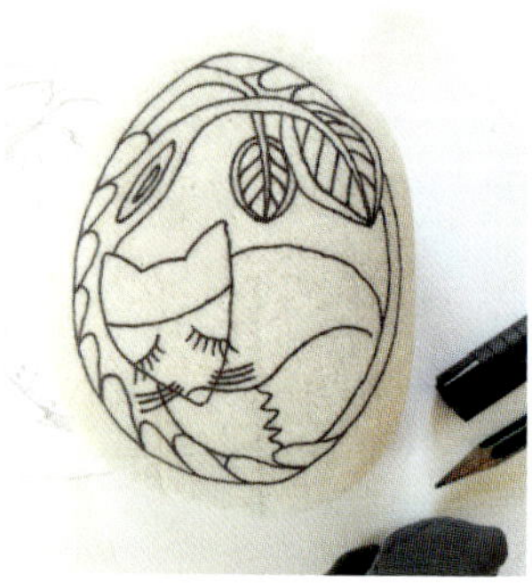

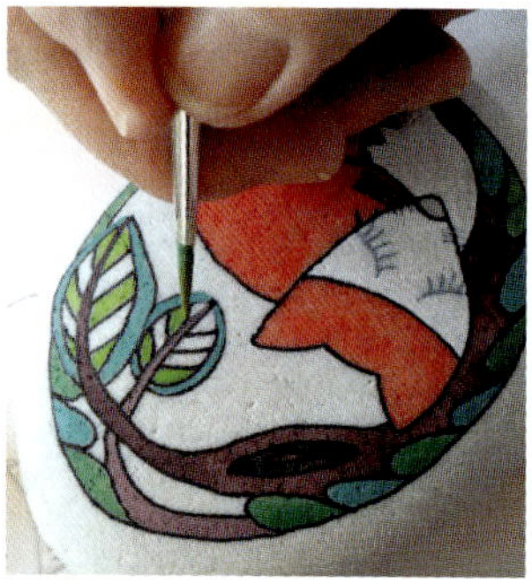

1 Skizziere das Motiv mit Bleistift auf den Stein, drück dabei nicht zu fest auf. Ich habe einen hellen, glatten, ovalen Stein verwendet, ca. 11 cm hoch und 9 cm breit. Die Zeichnung wird im nächsten Schritt wegradiert, sie muss nicht perfekt sein!

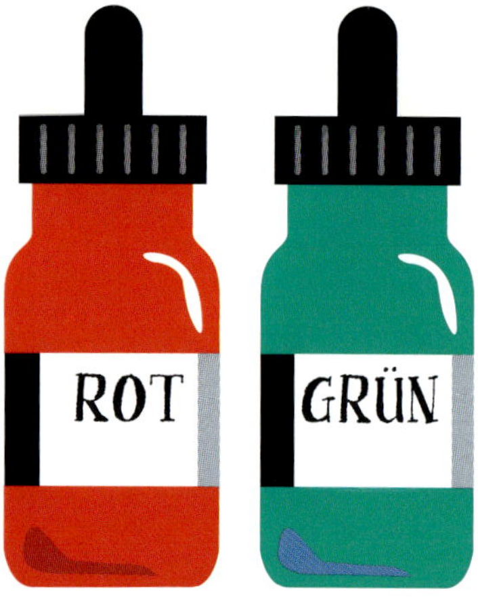

2 Zeichne das Motiv mit einem wasserfesten schwarzen Fineliner nach, ich habe hier den »Multimark 1523 permanent« von Faber-Castell verwendet. Versuch, gleichmäßige Konturen zu zeichnen. Wenn du bei einer Rundung den Bogen verlierst, ist es besser, abzusetzen und dann den Bogen fortzuführen, als die Linie unkontrolliert weiterzuzeichnen. Kleine Lücken oder Ansatzstellen in der Kontur fallen weniger auf als unschöne Kurven. Radiere am Ende die Bleistiftzeichnung weg.

3 Mische Fuchsrot, kaltes Braun, Blaugrün und ein saftiges Blattgrün aus den Grundfarben plus Weiß. Zwei oder drei Tropfen aus der Pipette genügen – die Tuschen sind sehr ergiebig. Gib die Farbe in eine Palette oder kleine Schraubgläser, in denen du die Farbe für die zweite Schicht aufbewahren kannst – auch wenn sie eingetrocknet ist, lässt sich Acryltusche meist mit ein wenig Wasser wieder aufrühren. Male nun die Flächen mit einem feinen Pinsel farbig aus, dabei kannst du

auch über die schwarze Linie malen, sie wird später noch einmal nachgezogen. Das Braun habe ich mit Weiß ein bisschen aufgehellt oder für die dunklen Stellen mit Blau abgedunkelt. Das Gesicht und die Schwanzspitze habe ich mit Weiß ausgemalt, den Hintergrund mit Gold.

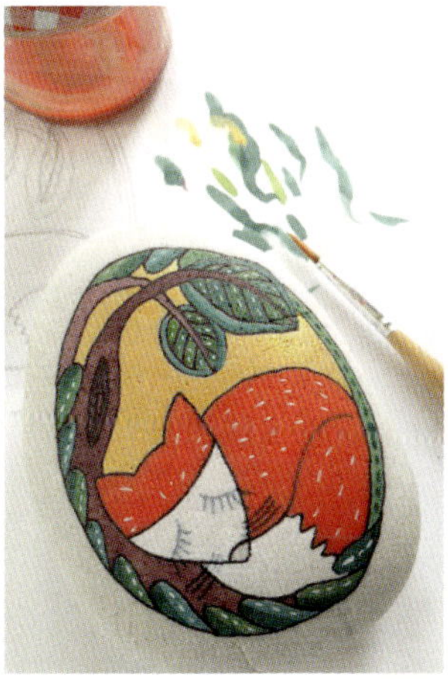

4 Lass die erste Farbschicht gut trocknen, bevor du ein zweites Mal die Farben aufträgst und sie wiederum gut trocknen lässt. Setz dann ein paar kleine weiße Linien als Akzente in das rote Fell und die Blätter.

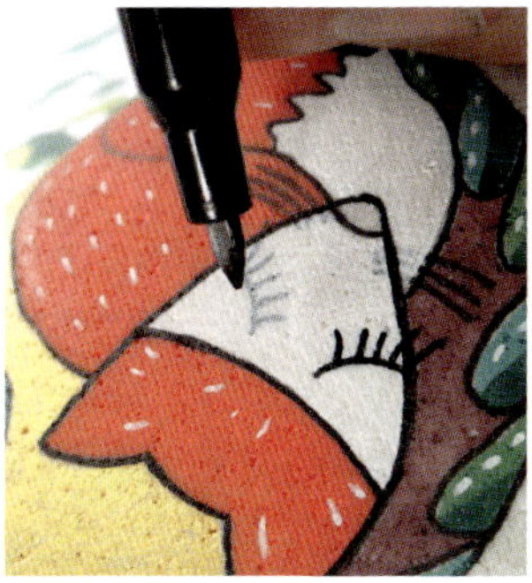

5 Mit einem dünnen schwarzen Acrylstift kannst du nun vorsichtig die Konturen nachzeichnen, sodass sie in sattem Schwarz die bunten Flächen einrahmen. Drück so fest wie nötig und so leicht wie möglich auf, damit du keine Farbspritzer riskierst. Teste vorab, ob dein Marker sich mit deinem Klarlack verträgt und sich nicht wieder anlöst. Mach dafür ein paar Striche auf einen kleinen, hellen Stein, lass sie gut trocknen und lackiere darüber. Sollte sich die Kontur anlösen, brauchst du einen anderen Marker!

6 Nun bist du fast fertig – fehlt nur noch der Klarlack, der dein Werk vor Wasser und UV-Strahlen schützen soll. Trag zügig mit einem weichen Pinsel eine dünne Schicht davon auf deine Malerei auf. Spar den unbemalten Stein aus, das ergibt einen schönen Kontrast von glatt und glänzend, und man sieht noch den ursprünglichen Charakter des Steines. Geh sparsam mit dem Lack um, damit er nicht verläuft. Lass die erste Lackschicht trocknen und trag noch ein bis zwei weitere Schichten auf. Fertig!

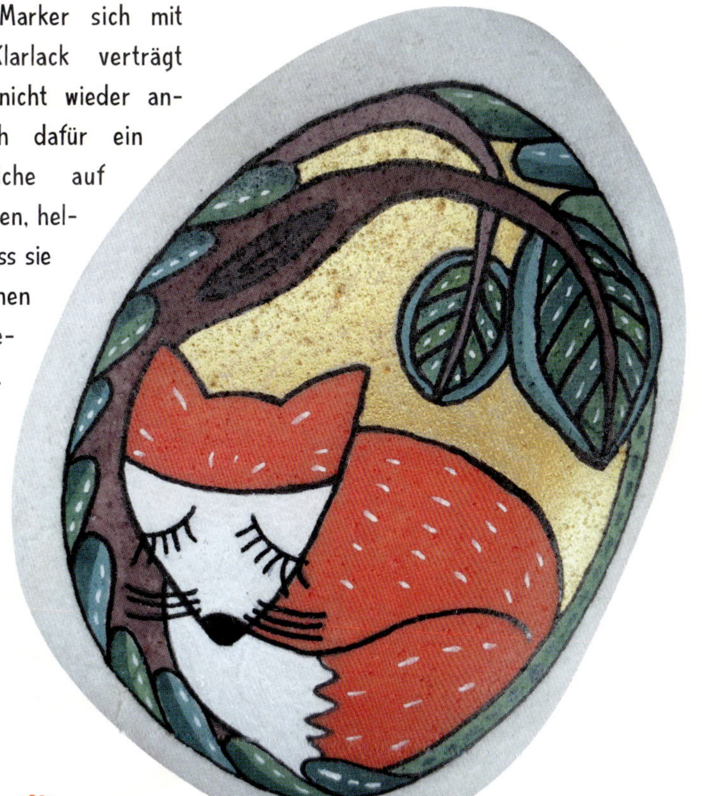

Fehlerbehebung

Fehler passieren – mir ist zum Beispiel an der äußeren Kontur der Acrylmarker in einer kleinen Vertiefung hängen geblieben und hat einen Spritzer hinterlassen. Genau dort, wo keinerlei Farbe sein sollte! Wenn dir so etwas auch passiert, musst du schnell sein. Mitten in der Zeichnung wäre es unproblematisch, da kannst du einfach noch mal drübermalen und es verdecken. Aber an dieser Stelle hätte der Fleck alles ruiniert.

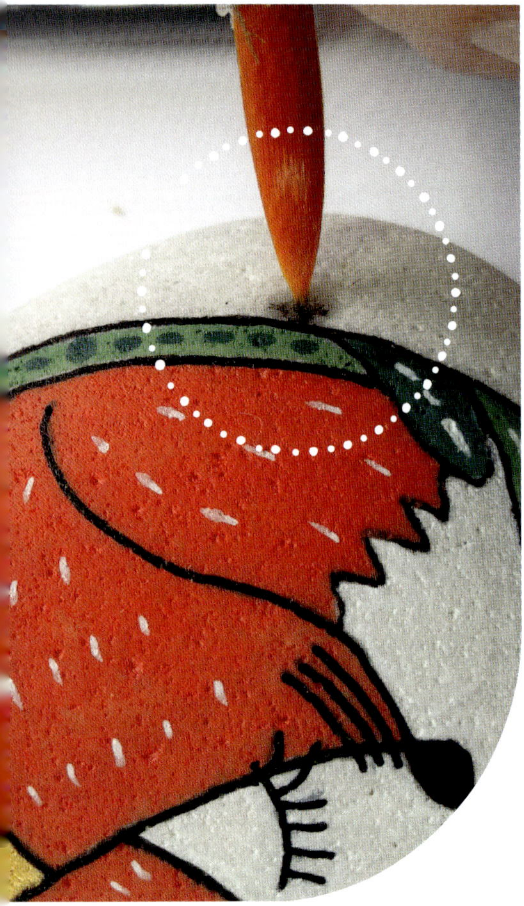

1 Löse den Farbspritzer, solange er noch nicht richtig getrocknet ist, vorsichtig mit einem Pinsel und ein bisschen Wasser wieder an. Wasch den Pinsel dazu wiederholt in klarem Wasser aus. Streif ihn auf einem Lappen ab, bevor du die Stelle weiter bearbeitest, damit kein Wasser in die Malerei läuft. Streich wiederholt weg von der Kontur, bis der Spritzer möglichst aufgelöst ist. Lass die Stelle gut trocknen oder föhne sie.

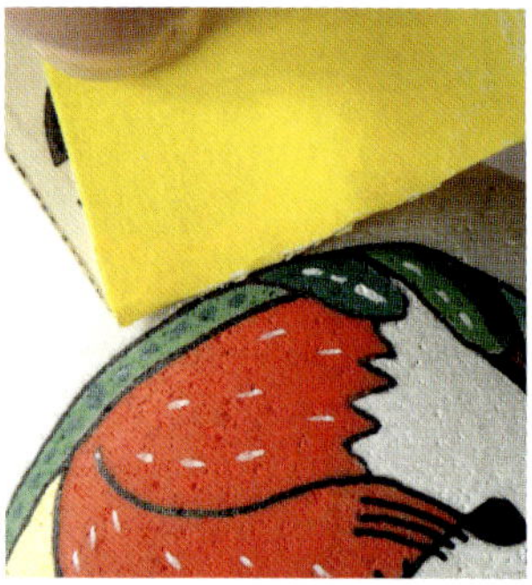

2 Falls noch ein Grauschleier zu sehen ist, schleife ihn vorsichtig mit Schleifpapier weg, indem du das Papier umknickst und damit vorsichtig an der Außenkontur entlangschleifst.

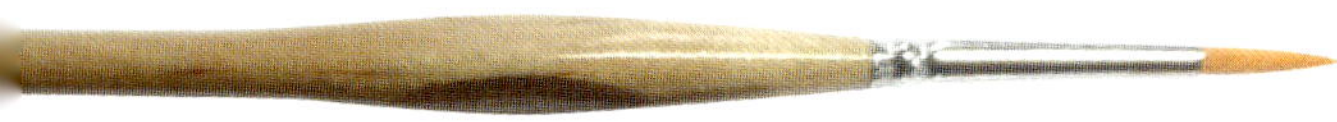

Mein Tipp

Leg das Werkzeug zur Fehlerbehebung stets bereit, damit du im Falle eines Falles keine Zeit verlierst. Acrylfarben und -marker trocknen sehr schnell!

Mischtechnik mit Acryltuschen

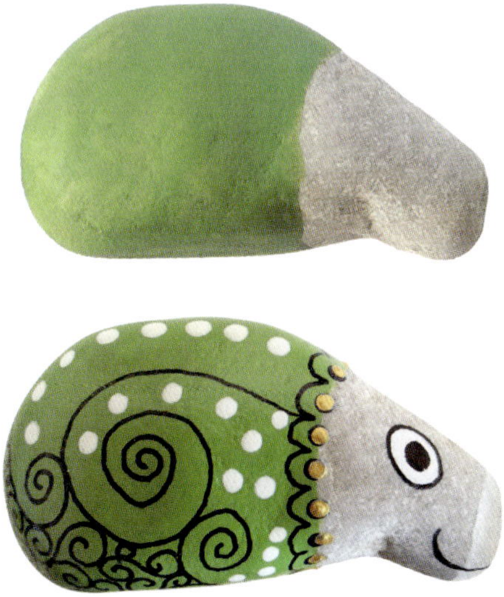

Wie gesagt, für absolut glatte Flächen sind Acryltuschen mit am besten geeignet, wobei es – wie immer – auch ein bisschen auf den Stein ankommt. Auf die getrocknete Farbe kannst du dann flott mit Markern zeichnen und so schnell schöne Lieblingssteine malen. Wenn du dabei zu lange auf einer Stelle verharrst, löst sich mit manchen Markern die Tusche wieder an, das lässt sich vermeiden, indem du zuvor eine Schicht Klarlack auflegst.

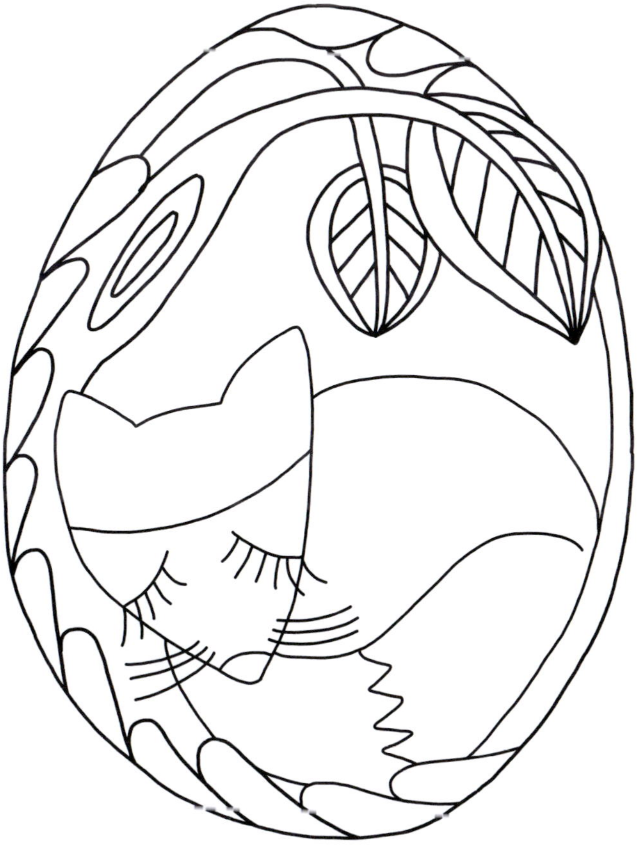

Du kannst die Vorlage auch auf die richtige Größe kopieren und mit Kohlepapier auf den Stein übertragen.

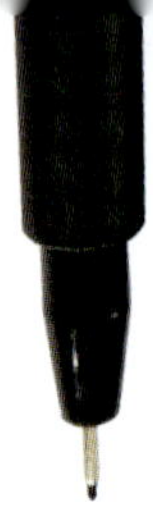

TUSCHESTIFTE

Mit Tuschestiften Steine bemalen – das ist gänzlich unbekannt, doch man kann mit ihnen wunderbar auf hellen Steinen lasierend zeichnen und malen. Wie beim Aquarell arbeitet man dabei von hell zu dunkel – der hellste Ton des Steins ist auch der hellste Ton im Bild. Durch die hellen Töne schimmert die Maserung des Steins hindurch, die dunklen Töne sind eher deckend, mit Schwarz kann man eine Zeichnung darüberlegen. Wenn sie getrocknet sind, sind die Tuschen wasserfest und lassen sich lackieren. Bei diesem Walfisch wollte ich eigentlich nur ausprobieren, ob es mit den »PITT Artist Pens« geht – der Stein hatte eine Macke, es gab nicht viel zu verlieren. Die Bruchstelle ist das Bartenmaul geworden – es hat super funktioniert und der Wal ist nun einer meiner Lieblingssteine!

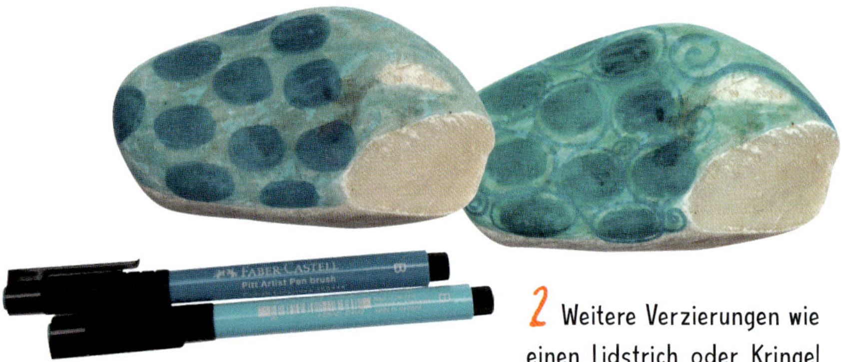

1 Tuschestifte mit Pinselspitze und einen hellen Stein verwenden. (Probier an einer unauffälligen Stelle aus, ob der Stein sich für die Stifte eignet.) Den Körper in einem hellen Türkisgrün bemalen, dabei das Auge und das Maul frei lassen und eine Schwanzflosse auf die Rückseite malen. Mit dunklerem Türkis ein paar große Punkte aufsetzen.

2 Weitere Verzierungen wie einen Lidstrich oder Kringel um die Punkte hinzufügen. Ein bisschen Dunkelgrün auf die Punkte und ein blaues Auge malen – je nachdem, wie es zu deinem Stein passt.

3 Dem Maul einen hellen Schatten geben, schwarze Kringel und Kreise über den Körper zeichnen, eine Pupille malen und das Auge umranden. Nicht zu viele Schichten auflegen, damit die Farben noch leuchten. Die Schwanzflosse dabei immer mit bearbeiten!

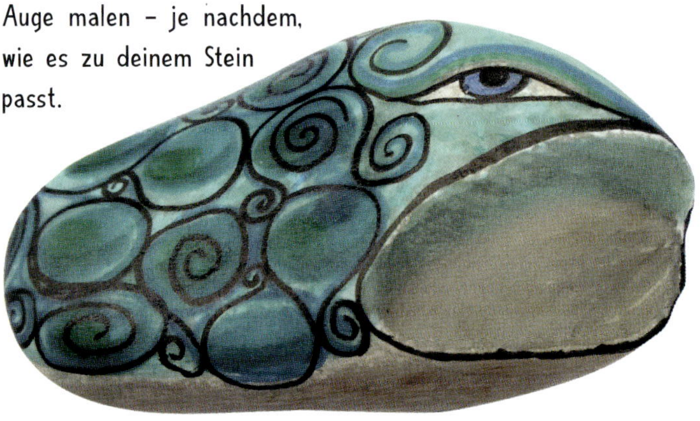

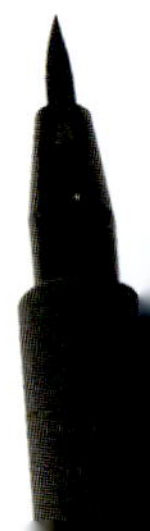

4 Mit schwarzem Fineliner zarte Punkte in die Kringel zeichnen, unter dem Auge ein paar dünne Linien setzen. Mit einem weißen Acrylmarker weitere Punkte zur Verzierung aufsetzen und – ganz wichtig – die Barten, die den Fisch zum Wal machen. Gut trocknen lassen, am besten über Nacht, und mehrere dünne Schichten Klarlack auftragen. Ich habe den von Liquitex verwendet und die unbemalten Stellen des Steins dabei frei gelassen.

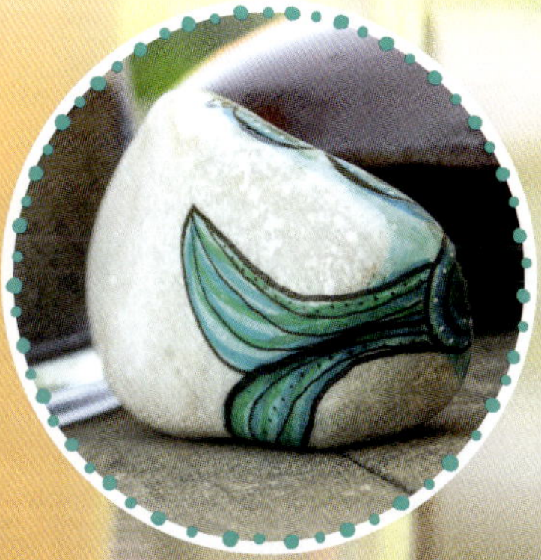

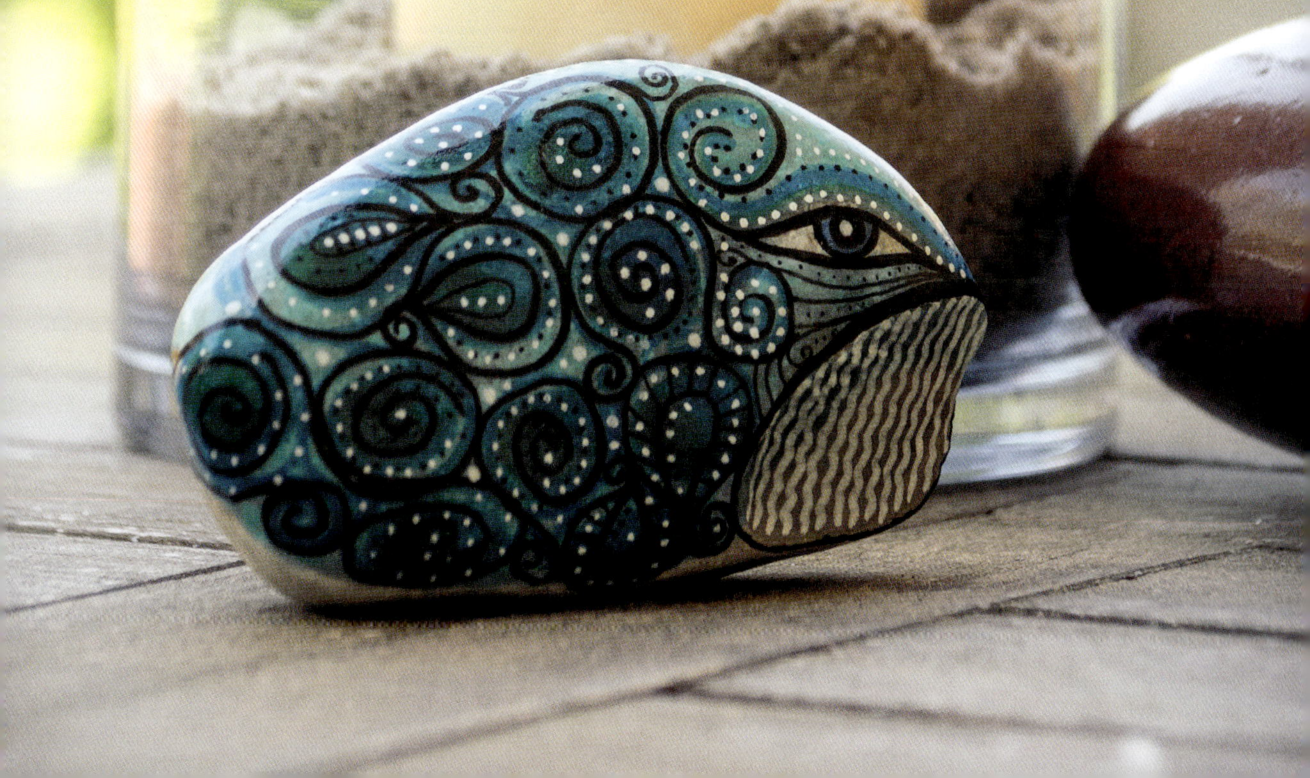

EXPERIMENTE

Stein ist sehr geduldig – du kannst nach Herzenslust auf ihm Techniken ausprobieren. Warum nicht Farbblockierer aus der Seidenmalerei testen oder Fototransferpotch? Oder Glasmalfarben verwenden und im Ofen fixieren? Sicher kennst du viele kreative Techniken, probier sie auf Stein aus! Ich habe entdeckt, dass Shabby Chic auf Stein gut aussieht, als ich versuchte, eine Farbschicht abzuschleifen. Dann habe ich aus der Not eine Tugend gemacht, das sieht chic aus – shabby chic.

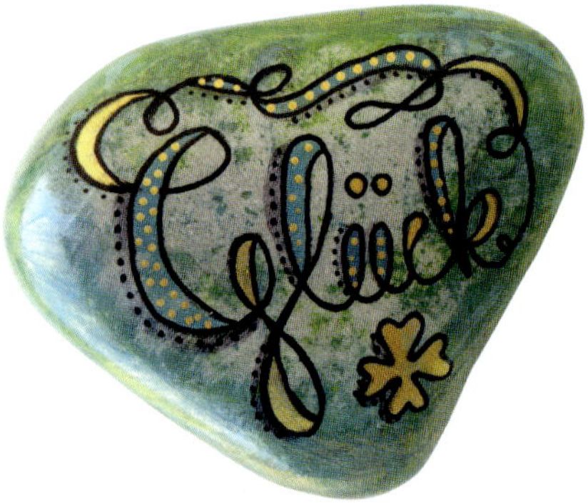

Shabby Chic

Mehrere Schichten Acryltuschen, die ich immer wieder angeschliffen habe, geben diesem Glücksstein seinen Shabby-Chic-Charakter. Die Schrift ist mit Acrylmarker aufgetragen, die goldenen Akzente und der goldene Glanz sind mit Acryltusche gemalt.

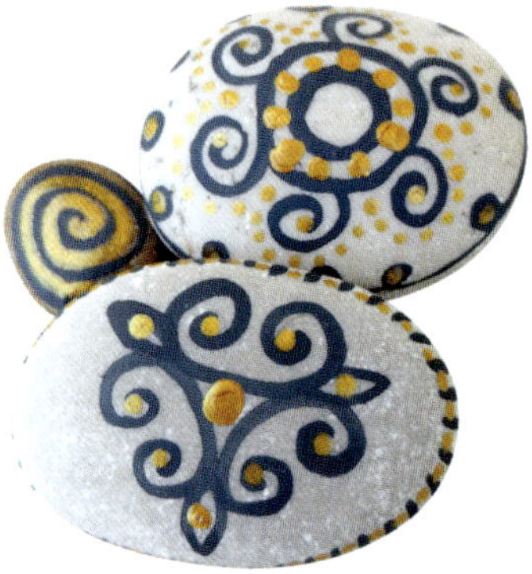

Glasmalfarben

Das Gold der Glasmalstifte von Marabu glänzt besonders schön, das wollte ich auch auf Stein verwenden. Mit dem Pinsel und den Glasmalfarben von Kreul habe ich die Spiralen aufgemalt und zuletzt mit den goldenen Stiften verziert. Fixierst du die Steine bei 160 Grad im Ofen, sind die Farben sogar spülmaschinenfest (Anleitung S. 64).

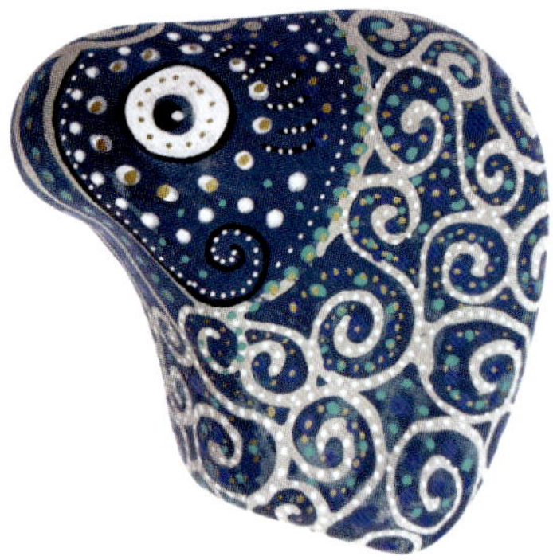

Seidenmalfarben

Batik auf Stein – geht das? Ja! Dafür habe ich mit Farbblockierer viele Kringel aufgetragen, den Stein mit Acryltusche bemalt und alles wieder abgewaschen. Was blieb, waren helle Kringel auf blauem Grund, den ich dann noch mit Acrylmarkern verziert habe. Alternativ kannst du auch Maskingstifte verwenden, die es für Acrylfarben gibt.

Fototransfer

Mit Fototransferpotch kann man Laserkopien spiegelverkehrt auf beliebige Gegenstände übertragen, warum nicht auch auf Stein? Ich habe es mit einem Weihnachts-Geschenkpapier versucht, das ich entworfen habe, das hat auch funktioniert! Nicht jedes bedruckte Papier ist dafür geeignet, aber manche Zeitschriften und Papierservietten. Probier es aus!

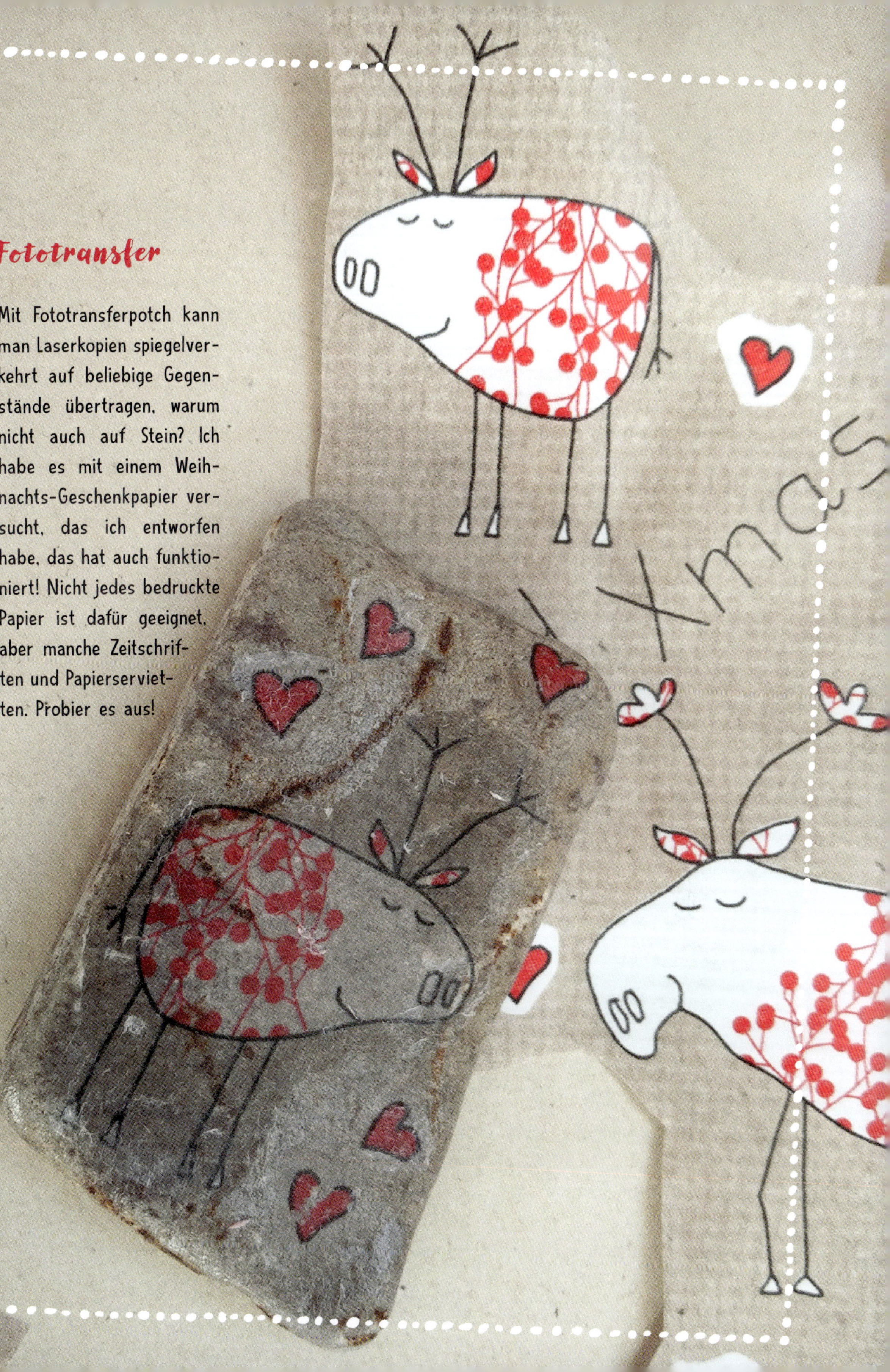

Kreatives Glück

Vielleicht hast du jetzt alle Techniken ausprobiert, und herausgefunden, was dir am meisten Spaß macht, oder was am unkompliziertesten für dich ist. Viel wichtiger als die Technik ist, dass du dir selbst treu bleibst, dass du Freude und Muße beim Malen hast. Zur Inspiration ist es immer gut, Werke anderer Künstler anzuschauen und Neues auszuprobieren, aber vergleiche dich nicht – jeder ist einzigartig wie die Steine. Erinnere dich, warum du eigentlich Steine bemalen wolltest. Um ein paar Momente für dich zu finden? Um jemand anderem damit eine Freude zu bereiten? Vergiss das nicht, denn es geht nur um eins – dein kreatives Glück!

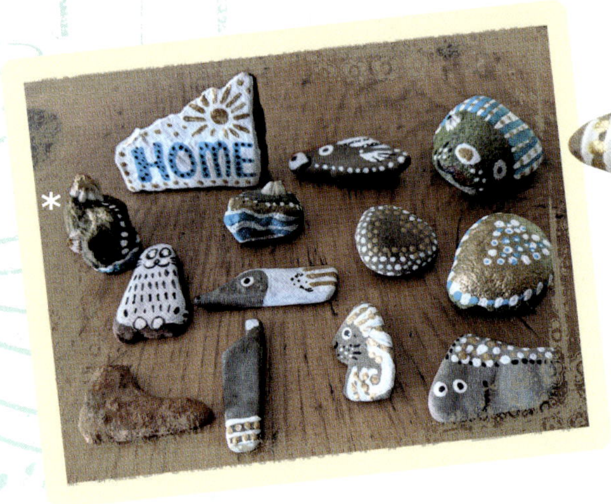

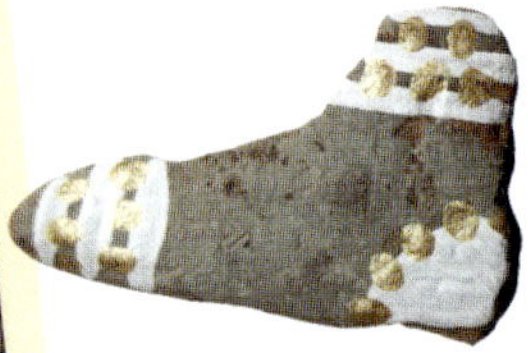

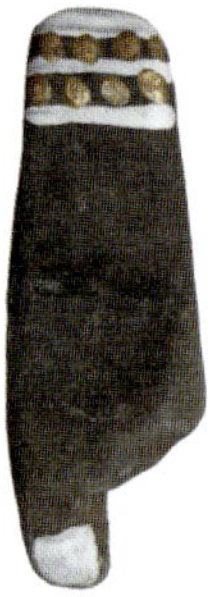

Kreative Auszeit

Es müssen nicht immer die perfekten, runden Steine und eine riesige Farbpalette sein. Zwei meiner Lieblingssteine sind bis heute die Hand und der Fuß, gerade weil sie so einfach sind. Oder wie gefällt dir das Strandhaus auf dem Hügel (siehe oben links)? Für solche Steine brauchst du keine Anleitung, sondern Zeit, ein paar Steine, einen Pinsel, Farben und Fantasie. Alle diese Steine habe ich verschenkt, nur Hand und Fuß habe ich behalten, und das Strandhaus. Vielleicht bringt es mich eines Tages zurück an meinen Sehnsuchtsort?

Message on a stone

In Kanada bin ich im Windschatten eines Treibholzstammes am Strand gesessen und habe mit einem wasserfesten Filzstift auf Steine gekritzelt. Zum Baden war es zu kalt, aber Steine gab es jede Menge. Auf die Rückseite habe ich meine E-Mail-Adresse geschrieben und die Steine dort liegen lassen. Vielleicht findet sie jemand und schickt mir eine Nachricht? Auf jedem Fall erinnere ich mich noch gut an den Moment, die Brise des Pazifiks und die warmen Steine in meiner Hand. Das ist kostbarer als jedes perfekte Kunstwerk.

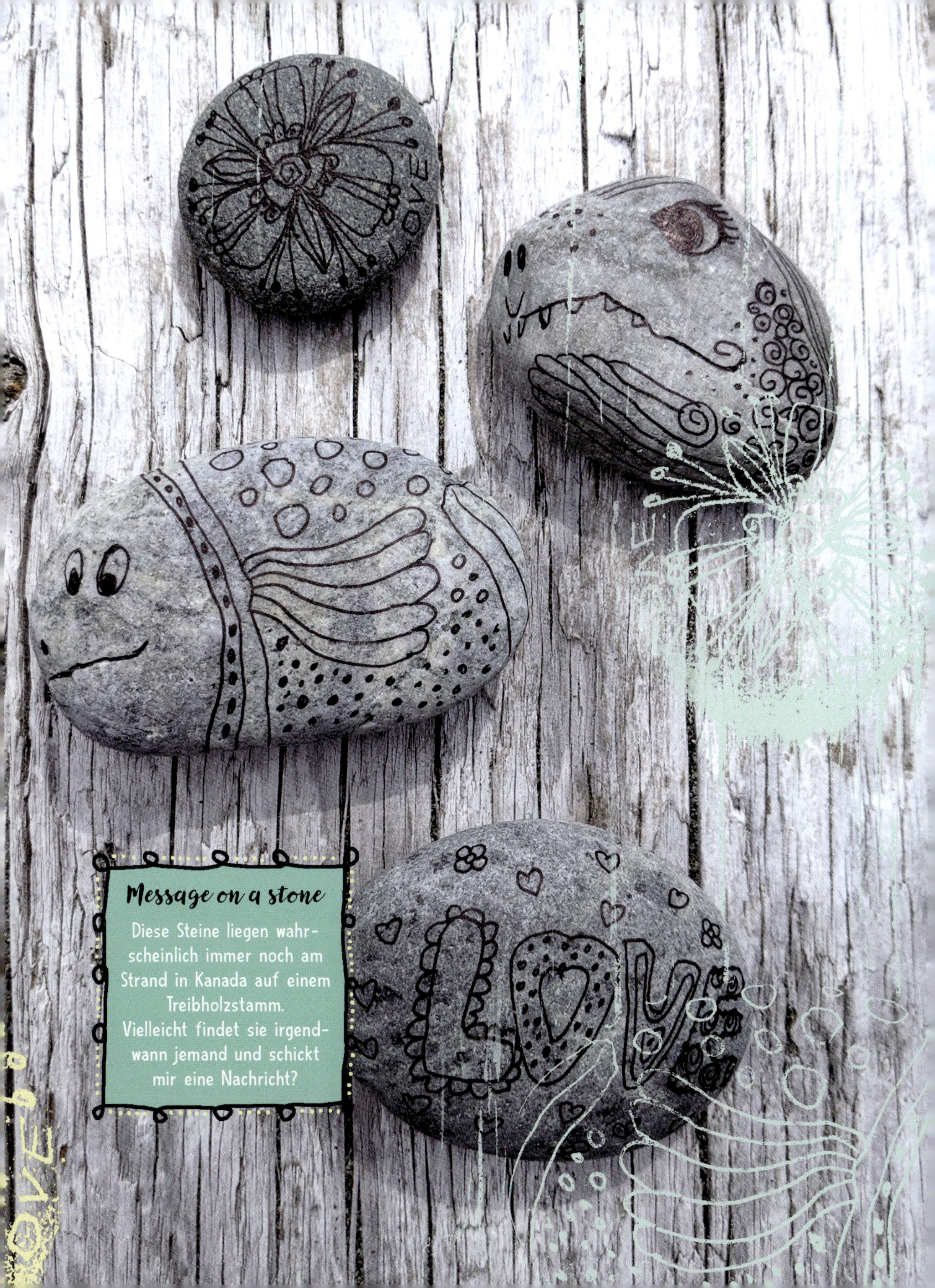

Message on a stone

Diese Steine liegen wahrscheinlich immer noch am Strand in Kanada auf einem Treibholzstamm. Vielleicht findet sie irgendwann jemand und schickt mir eine Nachricht?

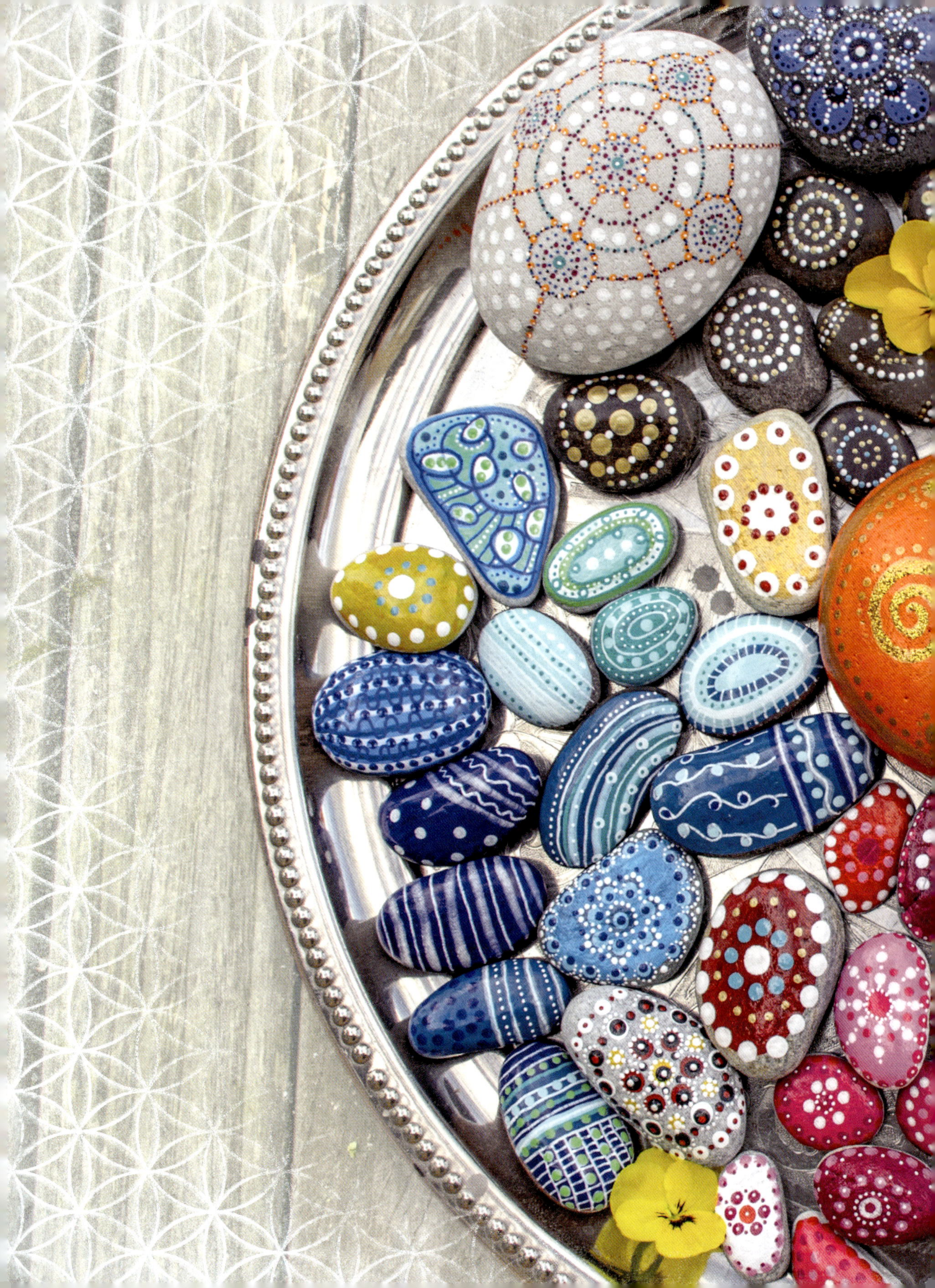

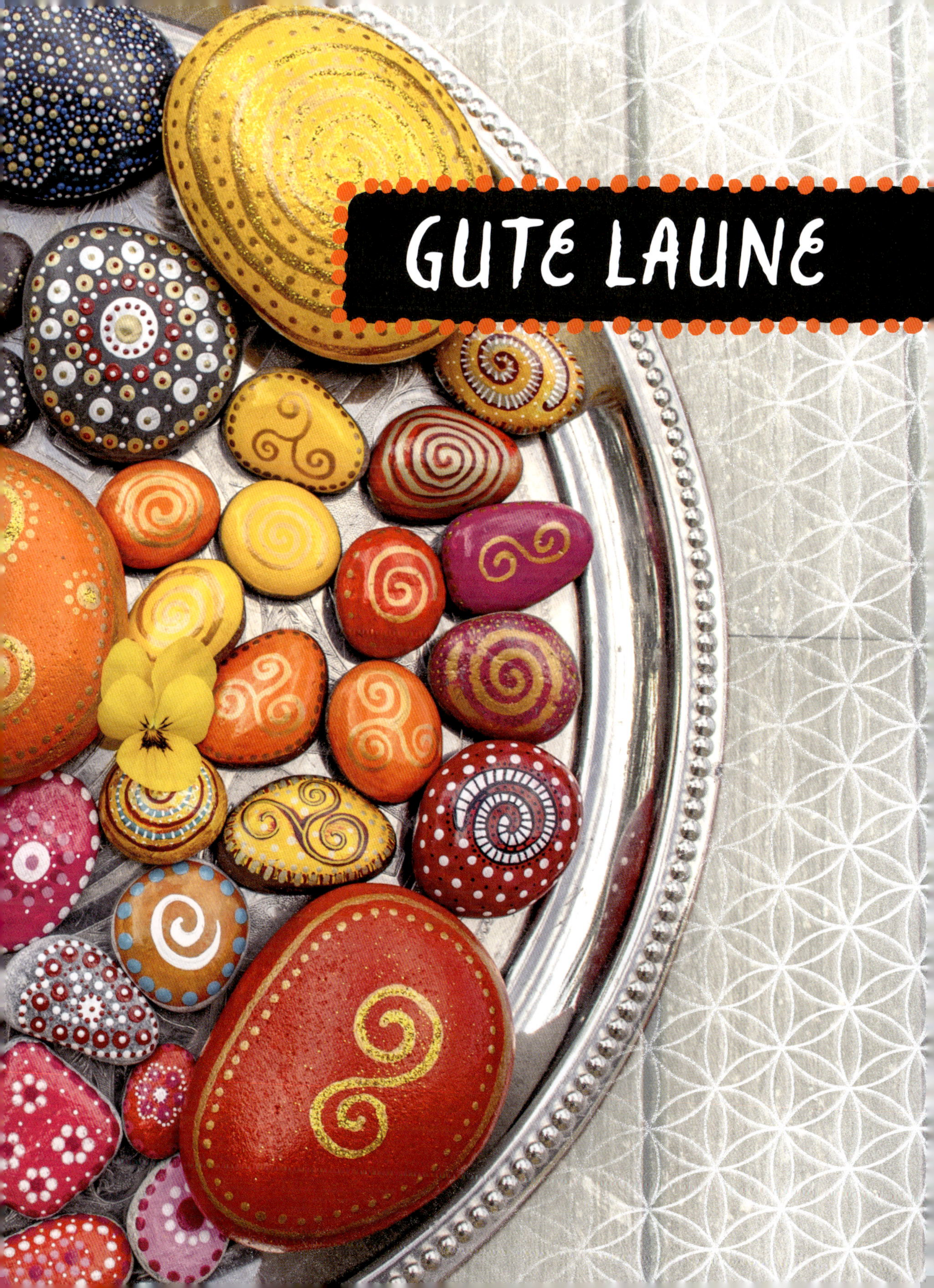
GUTE LAUNE

Punkte, Spiralen & Co

Mit fröhlichen Farben, Punkten, Linien und Spiralen kannst du im Handumdrehen wunderbare Lieblingssteine gestalten. Die folgenden Motive sind auch leicht für Kinder nachzumalen. Beginnen wir mit den Punkten. Ein paar weiße Punkte um einen roten Punkt ergeben eine Blüte, mehrere Reihen von sich gleichmäßig um ein Zentrum wiederholenden Punkten sehen aus wie ein Mandala. Viele Punktblüten in fröhlichen Farben als Streumuster erinnern an Dirndlstoffe, ein einfacher Kreis aus Punkten hat etwas Archaisches. Punkte machen Spaß, probier es aus!

PUNKTE

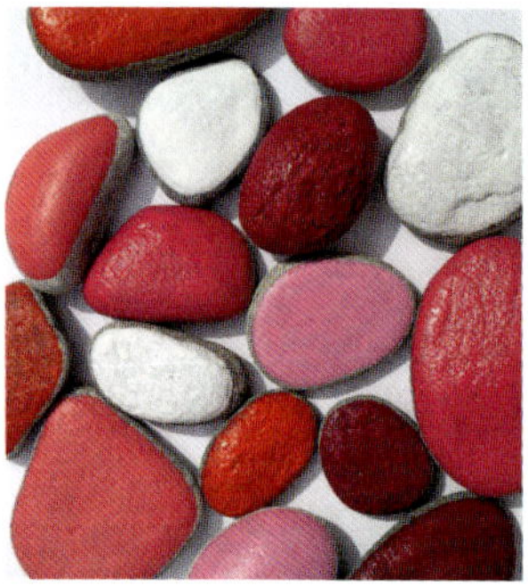

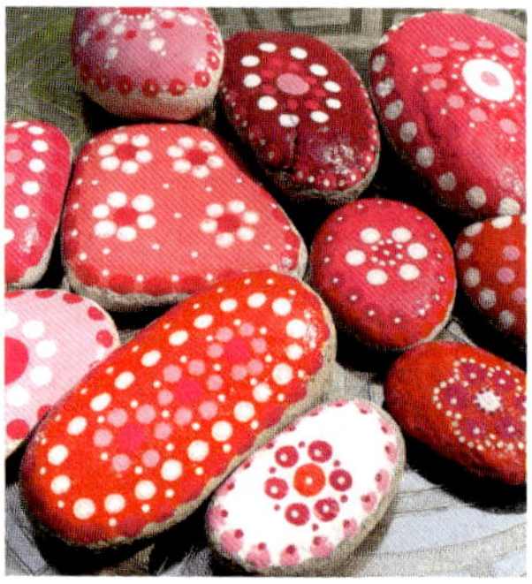

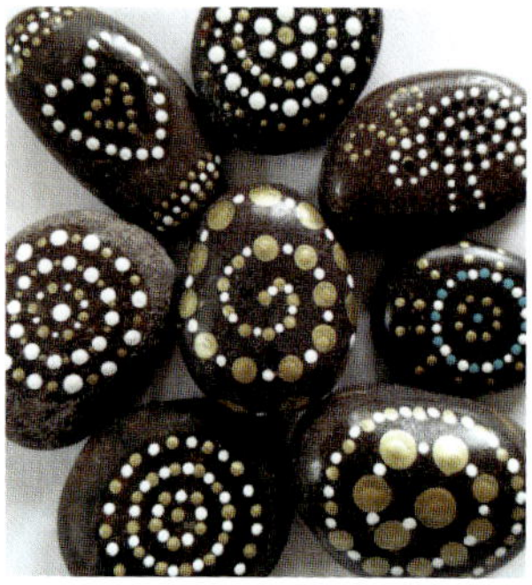

1 Bemale mehrere Steine in verschiedenen Abstufungen einer deiner Lieblingsfarben wie zum Beispiel Rosa, Pink, Rot, dunkles Violett und Weiß. Mische die Töne aus Acrylfarben oder -tuschen und trage mit dem Pinsel zwei bis drei Schichten auf. Lass jede Farbschicht gut trocknen, du kannst auch mit dem Föhn nachhelfen.

2 Setze mit Acrylmarkern oder Dotting-Tools Punkte in verschiedenen Größen und Farben auf. Misch für die Dotting-Tools die Acrylfarben zähflüssig an, tauche die Spitze des Tools kurz ein und setze damit einen Punkt. Wiederhole das bei jedem Punkt. Möchtest du einen Verlauf von größeren zu kleineren Punkten, dann setzt du das Tool drei- bis viermal hintereinander auf.

Alternative:

Male weiße und goldene Punkte auf dunkle Steine. Für einen hohen Farbkontrast überziehst du sie am Ende mit Klarlack.

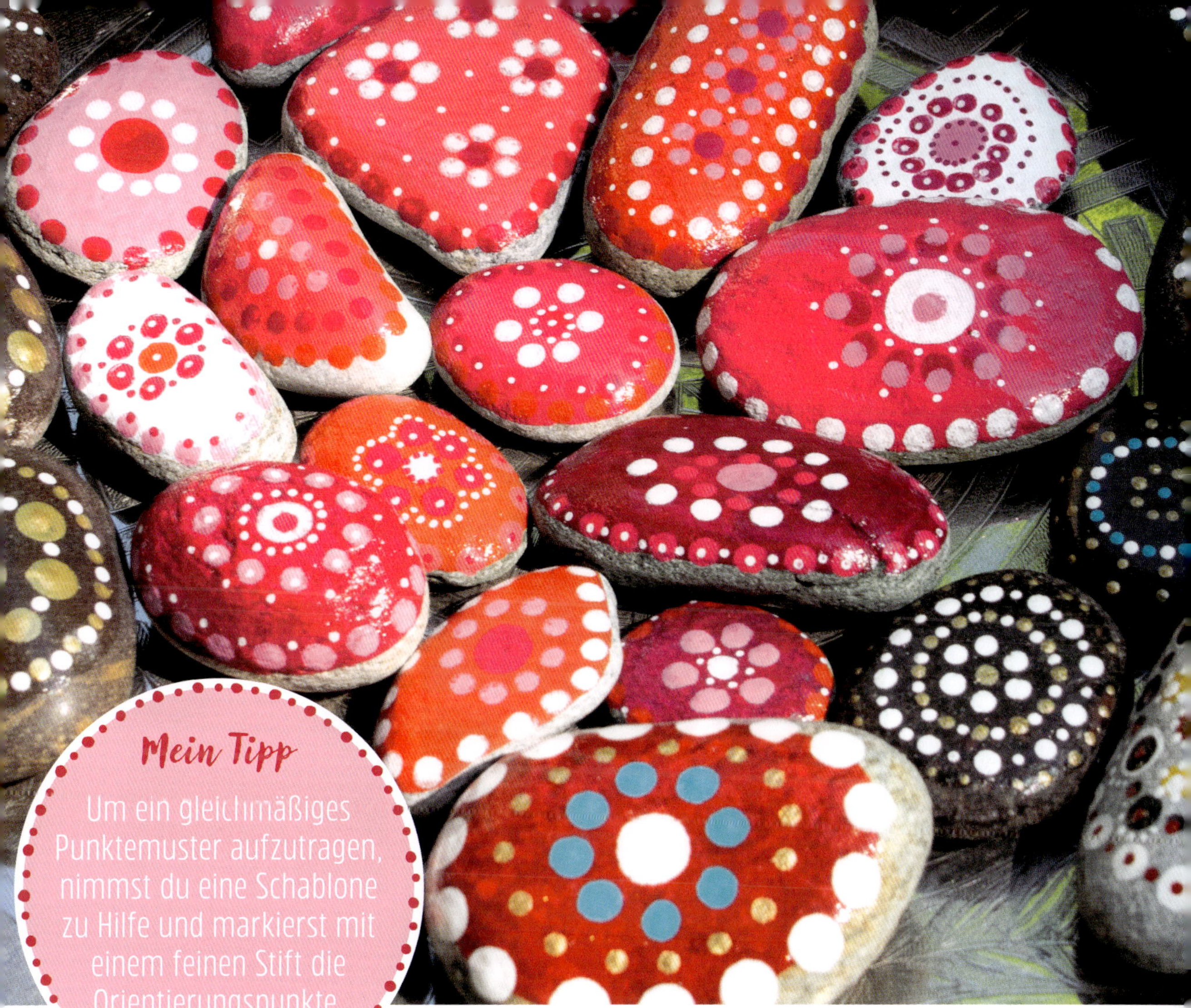

Mein Tipp

Um ein gleichmäßiges Punktemuster aufzutragen, nimmst du eine Schablone zu Hilfe und markierst mit einem feinen Stift die Orientierungspunkte.

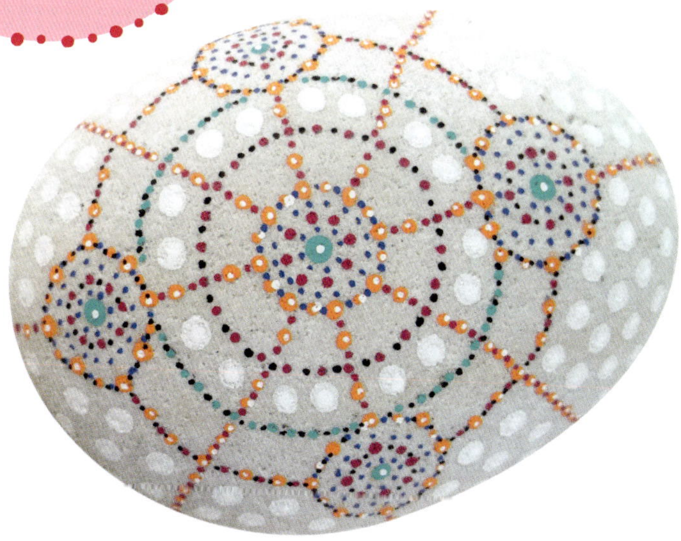

Auf diesen hellen, matten Stein habe ich mit feinen Acrylmarkern ein Netz aus kleinen, bunten Punkten gezeichnet und dann mit einem dickeren Acrylmarker weiße Punkte dazwischengesetzt. Damit der Stein hell und matt bleibt, habe ich ihn am Ende nicht lackiert.

LINIEN UND KRINGEL

Linien lassen sich am einfachsten mit Acrylmarkern zeichnen. Um gleichmäßige Linien mit dem Pinsel zu erzielen, brauchst du etwas Übung. Gekreuzte Linien ergeben ein Karo, mehrere Kreise ineinander lassen sich schön mit Punkten verzieren. Ich habe mehrere Steine in Blautönen bemalt und mit Mustern verziert, die auf Linien basieren. Manche erinnern an Gmunder Keramik, andere an Krawattenstoffe oder Ostereier. Kritzle ein bisschen herum, bevor du loslegst, lass den Stift locker kreisen – sicher fallen dir dabei noch mehr schöne Muster ein!

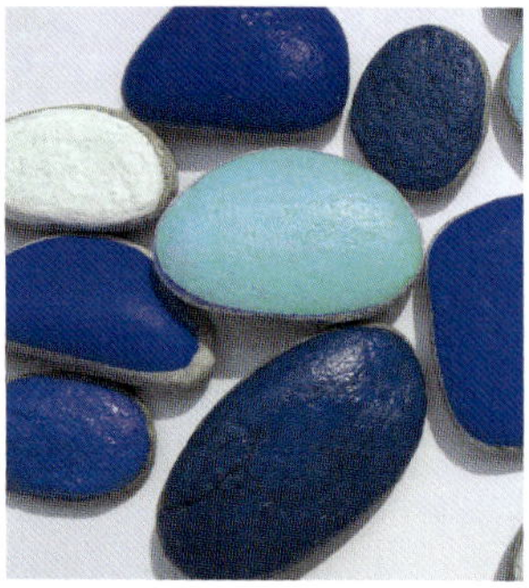

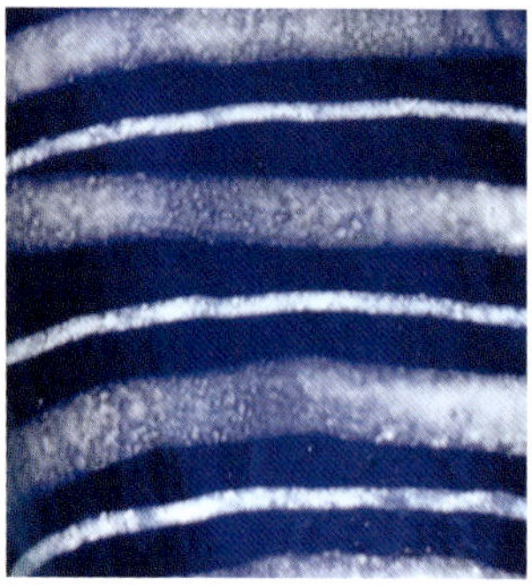

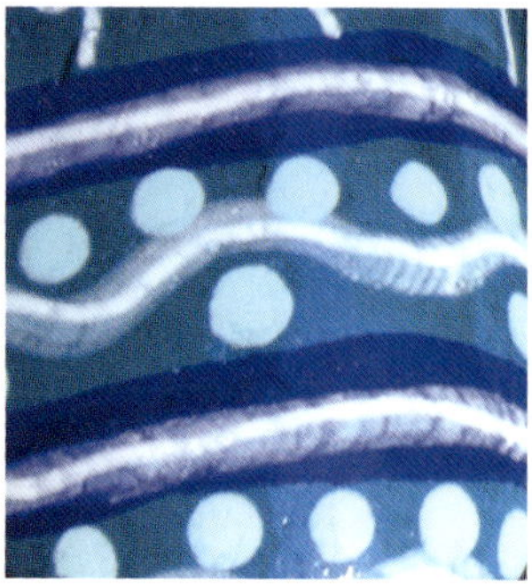

1 Bemale mehrere Steine in verschiedenen Abstufungen einer deiner Lieblingsfarben wie zum Beispiel Königsblau, Dunkelblau, Himmelblau, Petrolgrün, Türkis und Weiß. Mische die Töne aus Acrylfarben oder -tuschen und trage mit dem Pinsel zwei bis drei Schichten auf. Lass jede Farbschicht gut trocknen.

2 Wir beginnen mit einem ganz einfachen Streifenmuster. Zeichne dafür mit einem feinen weißen Acrylmarker gerade Linien auf einen blauen Stein. Lass zwischen ihnen so viel Abstand, dass du nun mit einem dickeren weißen Acrylmarker Linien dazwischensetzen kannst. Da der dickere Marker hier weniger deckt als der dünne, entsteht ein reizvoller Kontrast von kräftig und zart, der an Batikstoffe erinnert.

3 Hier wird es nun schon mehrschichtiger: Male mit dem Pinsel breite Linien in einer zweiten Farbe auf deinen Stein, zum Beispiel Blau auf Petrolgrün. Wenn sie getrocknet sind, setzt du mit einem dicken weißen Marker gerade Linien darauf und geschwungene dazwischen und lässt sie trocknen. Darüber zeichnest du mit einem feinen weißen, deckenden Acrylmarker weitere Linien und verzierst das Ganze mit Punkten in Helltürkis.

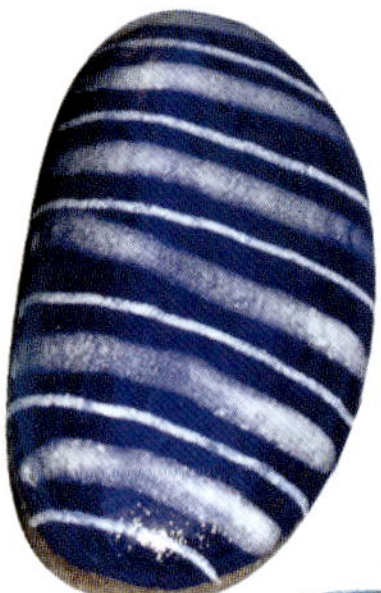

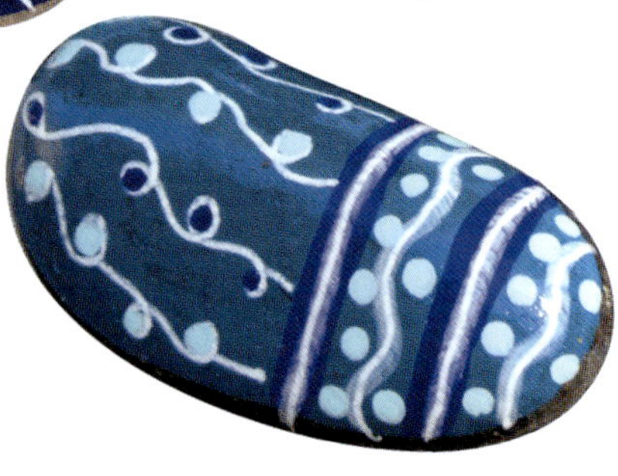

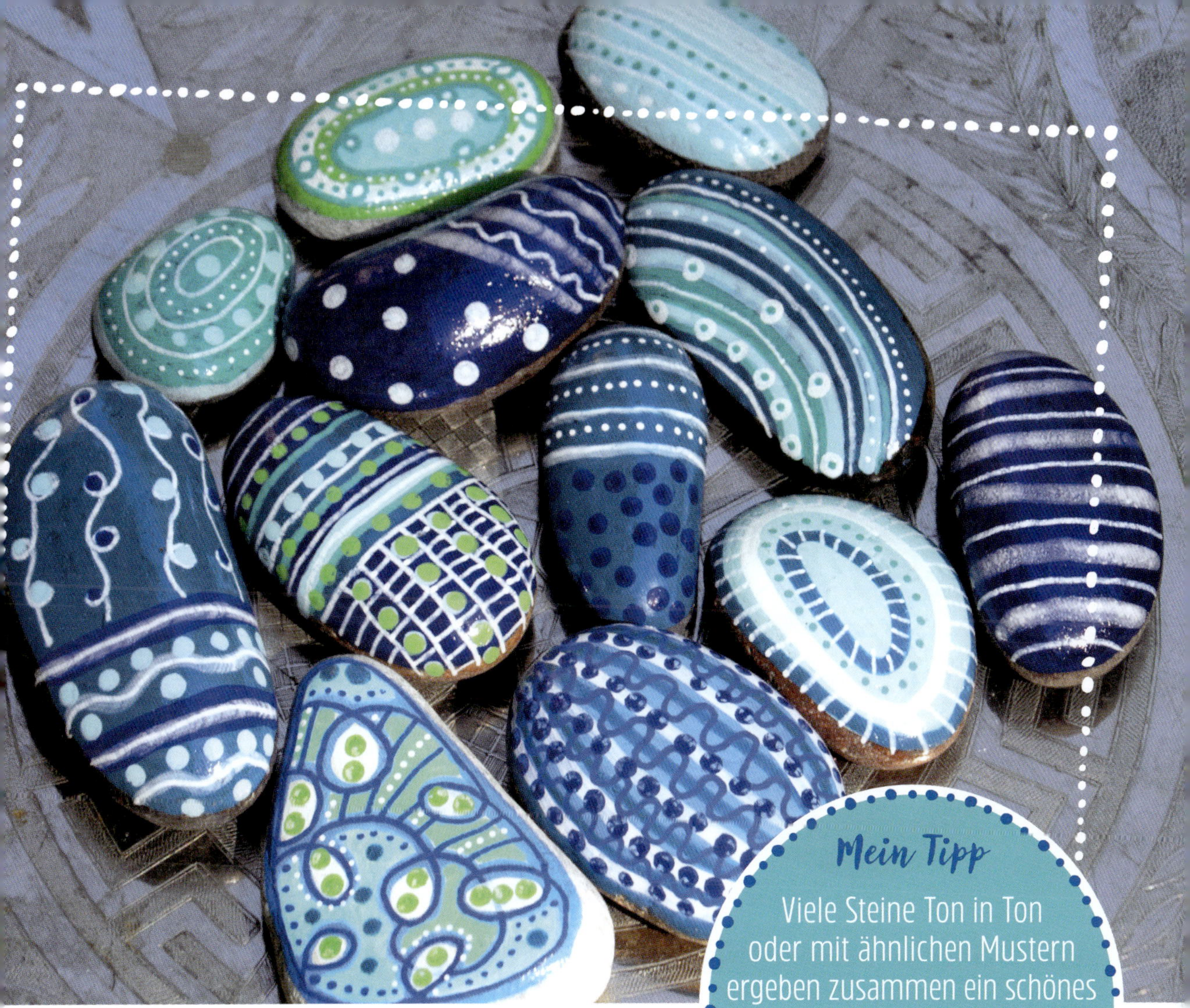

Mein Tipp

Viele Steine Ton in Ton oder mit ähnlichen Mustern ergeben zusammen ein schönes Bild. Auf einem hübschen Tablett oder in einer Schale kommen sie gut zur Geltung.

4 Probier aus, was du alles mit einfachen Linien, Kringeln und Punkten malen kannst. Gib dem Zufall auch eine Chance, dabei entstehen oft die schönsten Effekte. Dass der dicke weiße Marker nicht richtig gedeckt hat, war auch nicht geplant, aber der dabei entstandene Effekt hat mir so gut gefallen, dass ich ihn bei weiteren Mustern eingesetzt habe. Verwende nicht zu viele verschiedene Farben. Ton in Ton mit Weiß sieht immer hübsch aus und gelingt meistens.

Alternative:

Du kannst die Grundierungen auch mit dickem Acrylmarker malen, aber gleichmäßiger werden Flächen mit Pinsel und Acrylfarbe oder Acryltusche.

Lackieren nicht vergessen!

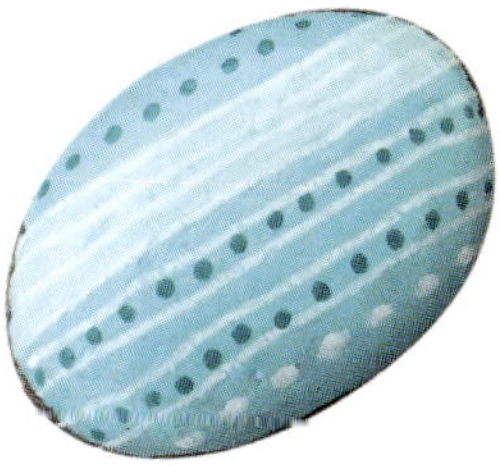

SPIRALEN

Durch alle Jahrhunderte und Kulturen hindurch galt die Spirale als Symbol für Entwicklung, für die Seelenreise, für das Leben an sich. Kein Wunder, denn auch die Natur selbst ist voller Spiralen, letztendlich leben wir auf einer Spirale – der Milchstraße. Spiralen sind außerdem sehr dekorativ und es scheint in unseren Genen zu liegen, sie vor uns hinzukritzeln – mit einem Kugelschreiber beim Telefonieren oder mit dem Finger auf beschlagene Scheiben oder in den Sand. Warum nicht auch auf Stein?

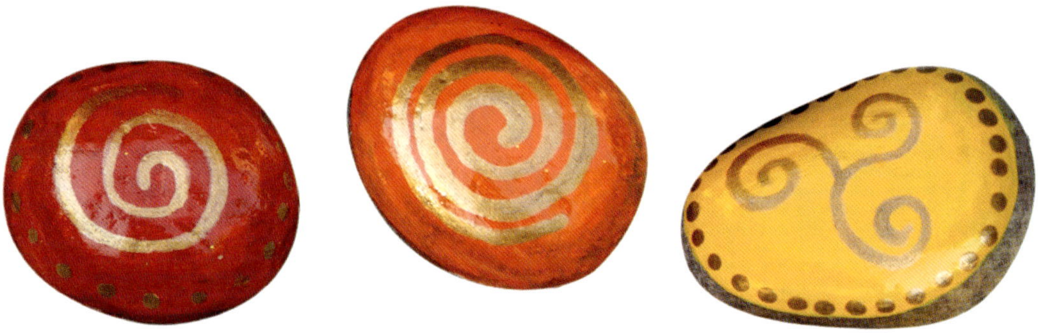

1 Es gibt rechtsdrehende, linksdrehende, doppelte und dreifache Spiralen. Spiralen, die sich verjüngen, oder welche, deren Linien parallel laufen. Nimm dir ein bisschen Zeit für dieses schöne Symbol und male ein paar Spiralen auf Papier, bis du sie locker hinbekommst. Verwende dafür einen dünnen Pinsel oder einen Acrylmarker. Leg dir ein Dotting-Tool bereit, wenn du damit Punkte zur Verzierung anbringen möchtest.

2 Was könnte besser zu den göttlich anmutenden Spiralen passen als Gold? Auf sattem Gelb, tiefem Orange, kräftigem Rot oder strahlendem Violett kommt es besonders gut zur Geltung. Bemale ein paar Steine in diesen Tönen. Ich habe die Töne mit Acrylfarben aus der Tube gemischt und zwei oder drei dünne Schichten davon aufgetragen. Lass die Farbschichten gut trocknen, bevor du sie übermalst.

3 Male mit Pinsel oder Acrylmarker goldene Spiralen auf die bunten Steine. Mit Acrylmarkern geht es leichter, aber mir war wichtig, dass der Goldton schön schimmert, deswegen habe ich »Maya Gold« von Viva Decor verwendet und mit dem Pinsel gemalt. Verziere nach Lust und Laune noch die Farbränder mit Punkten, lass alles gut trocknen und lackier die Steine, falls nötig. Nicht alle Marker trocknen wasserfest!

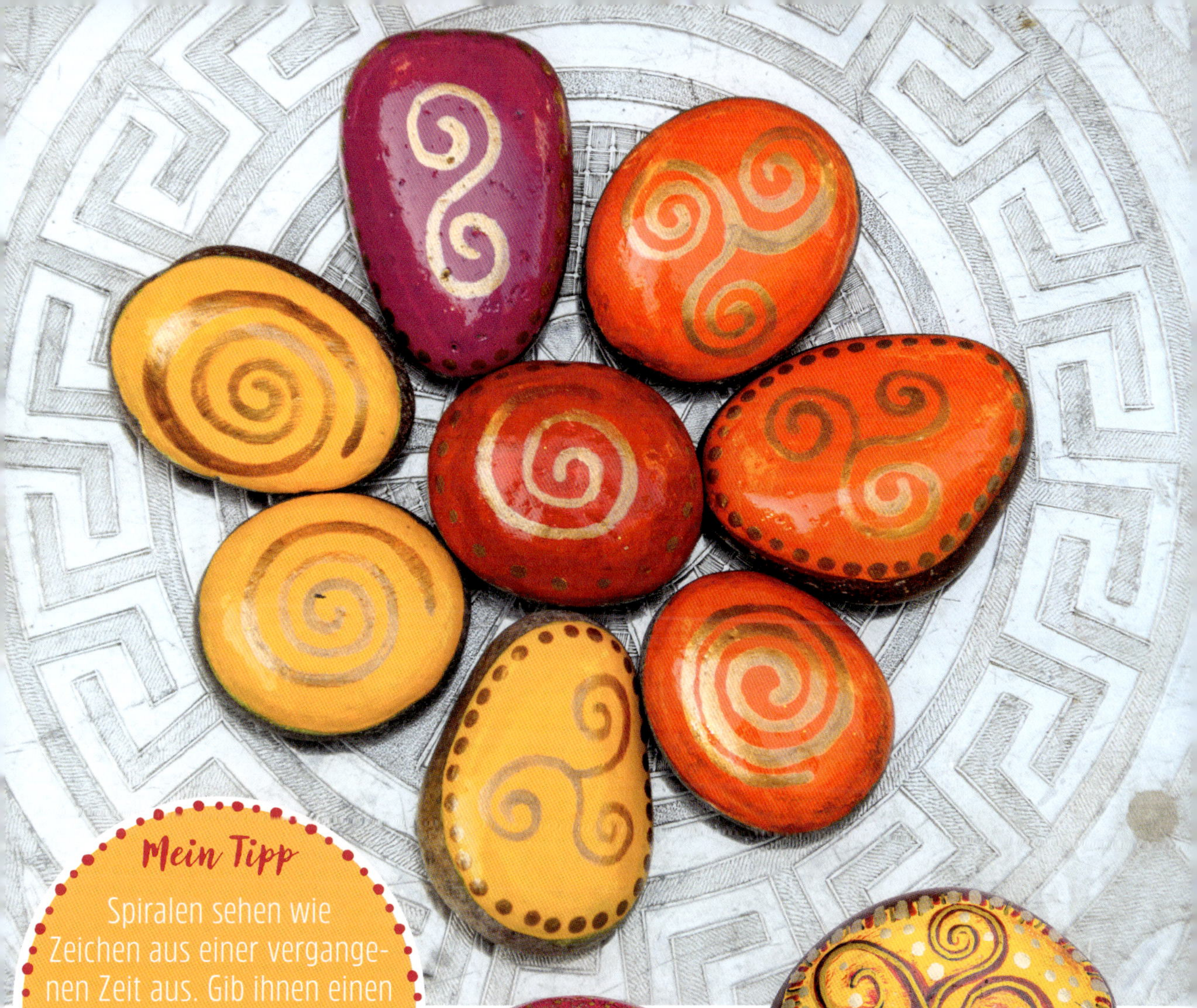

Mein Tipp

Spiralen sehen wie Zeichen aus einer vergangenen Zeit aus. Gib ihnen einen Shabby-Chic-Charakter, dann wirken sie mit ein bisschen Fantasie wie Fundstücke aus der Antike.

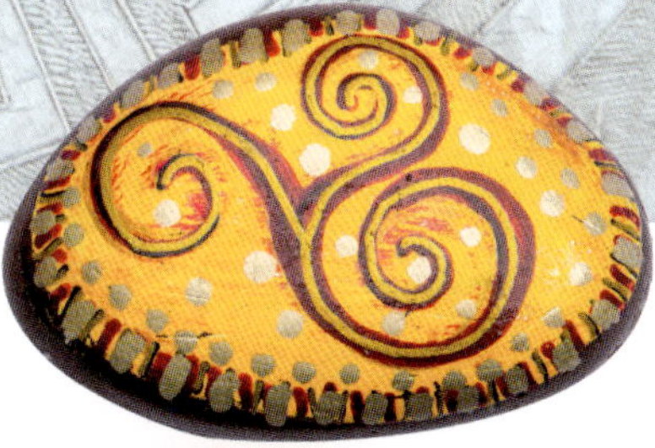

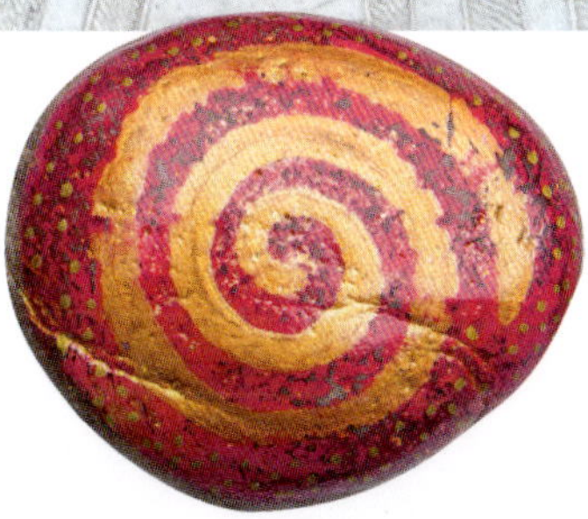

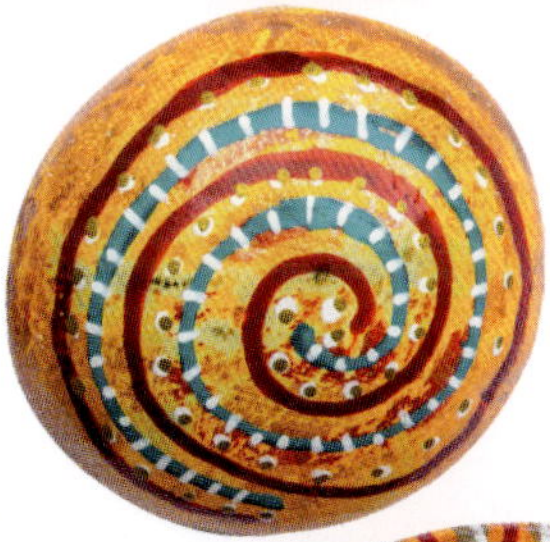

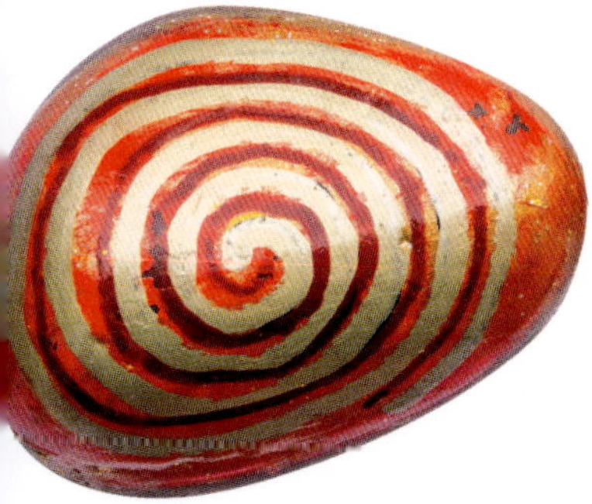

Mit der Grundfarbe anmalen, dann mit Schleifpapier oder einem Topfkratzer anschleifen, darauf zeichnen, wieder anschleifen, einen Hauch sehr verdünnte Goldfarbe darübergeben, zeichnen, schleifen, verzieren, lackieren. Tob dich aus, bis dir der Stein gefällt!

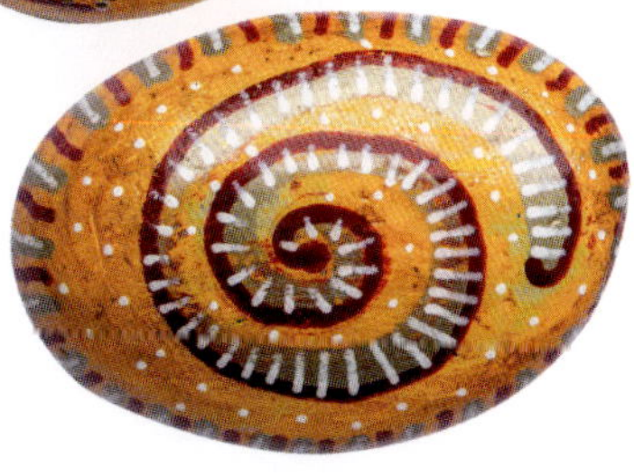

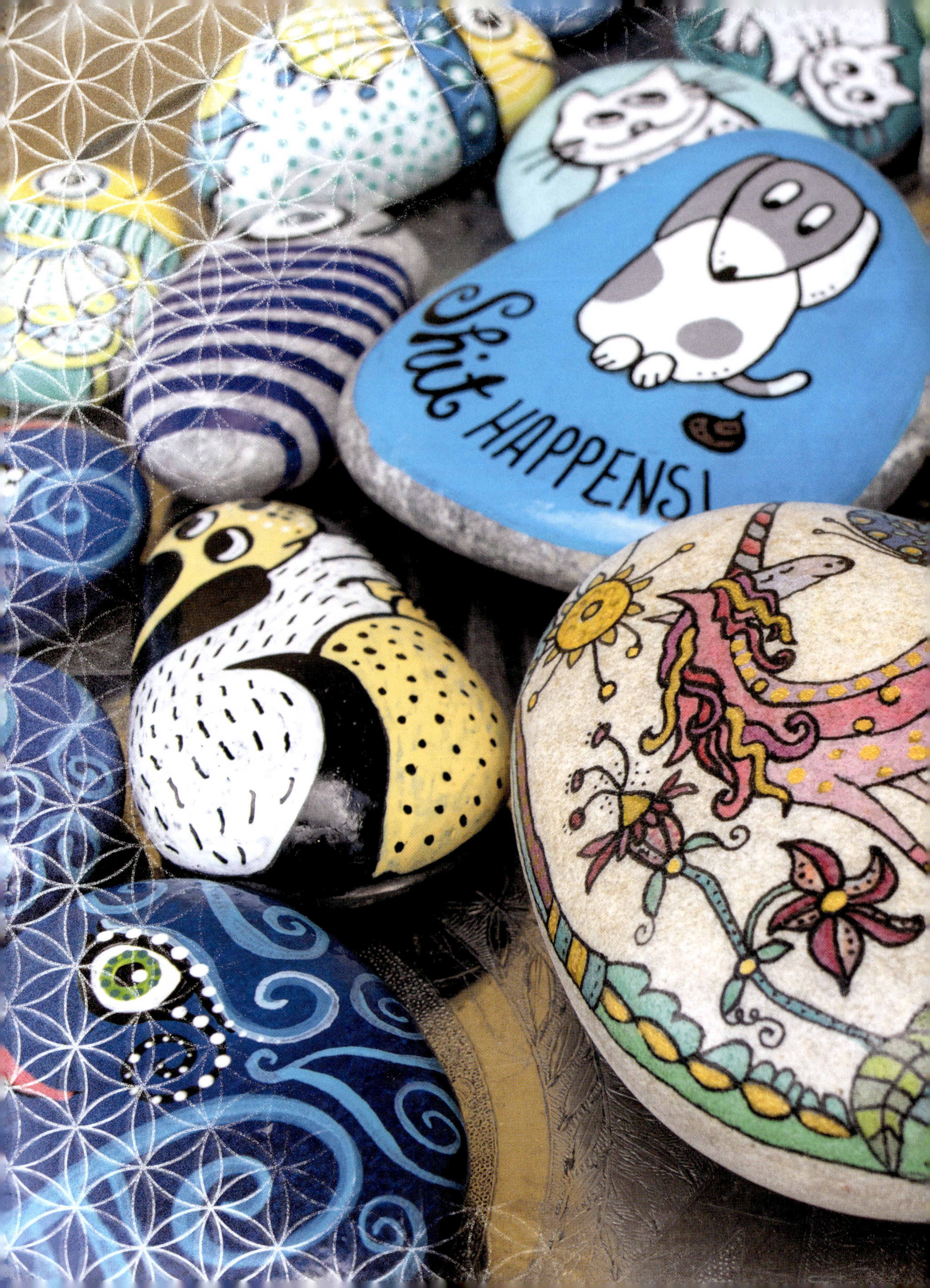
Shit HAPPENS!

STEINZOO

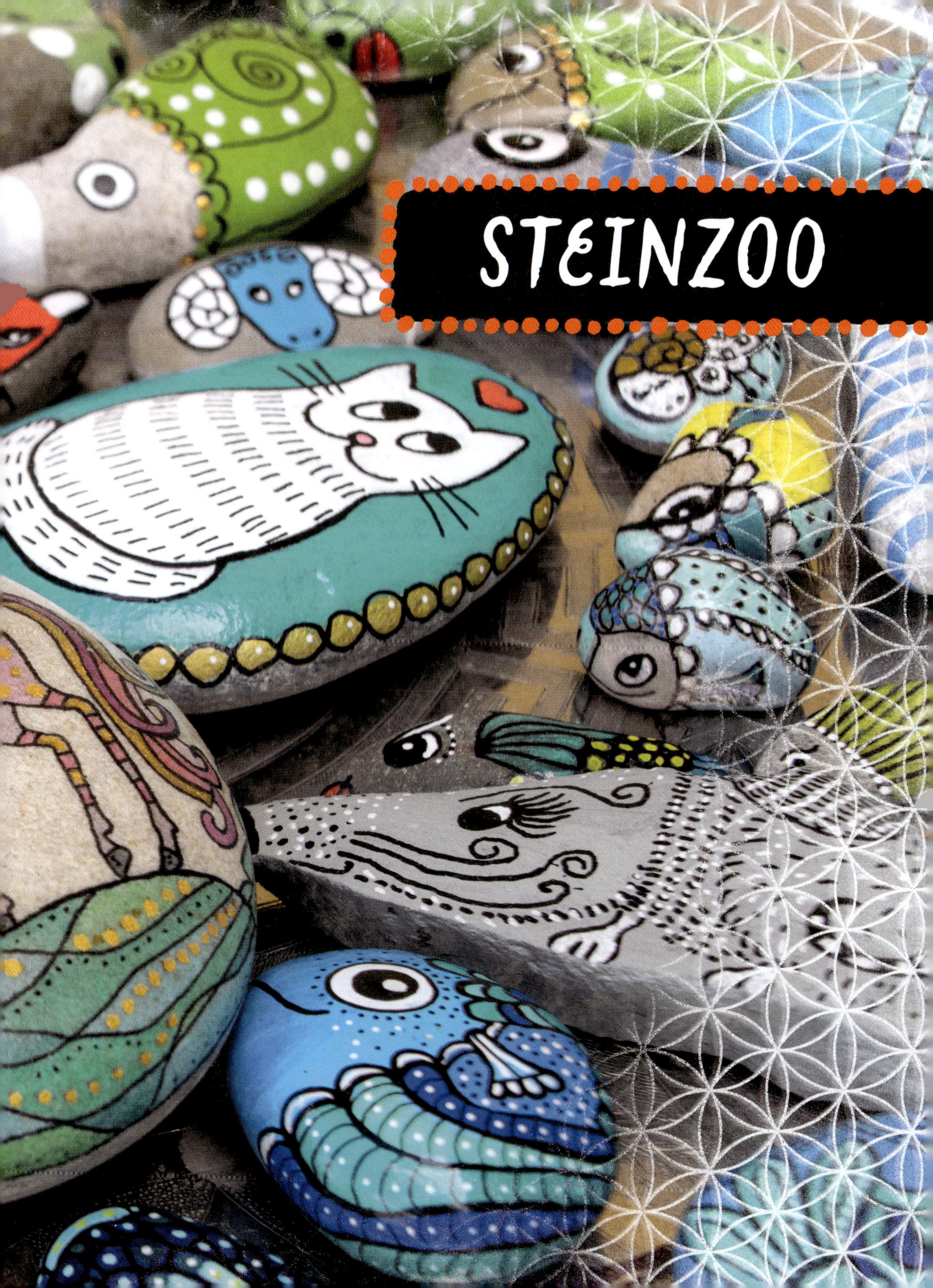

Tiere und andere Wesen

Punkt, Punkt, Kreis, Strich – fertig ist das Fischgesicht. Ein ovaler Stein mit einem großen Auge und einem Mund sieht sofort aus, wie ein Fisch. Bei der Gestaltung ihres Körpers existieren unendliche Möglichkeiten, denn es gibt zahllose Fische mit ausgefallenen Mustern in prunkvollen Farben, die wir oft nur aus dem Aquarium in der Pizzeria kennen. Was liegt also näher, als mit den Fischen zu beginnen? Tob dich aus und erfinde die neuesten Züchtungen von Zierfischen, hier findest du Anregungen.

FREU-FISCHE

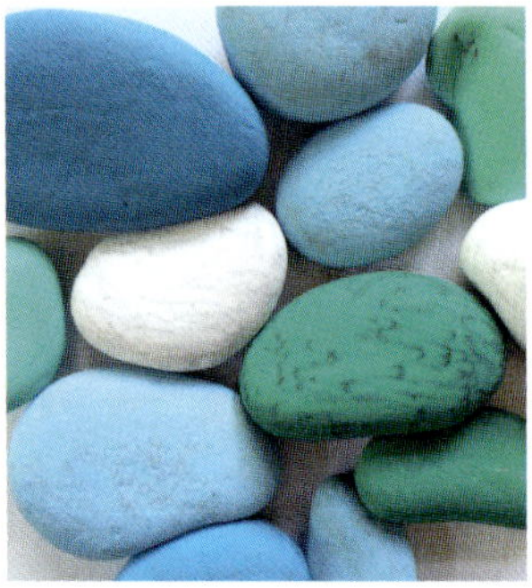

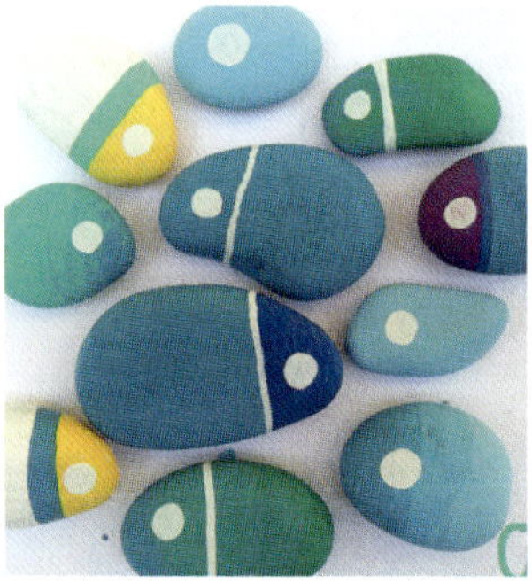

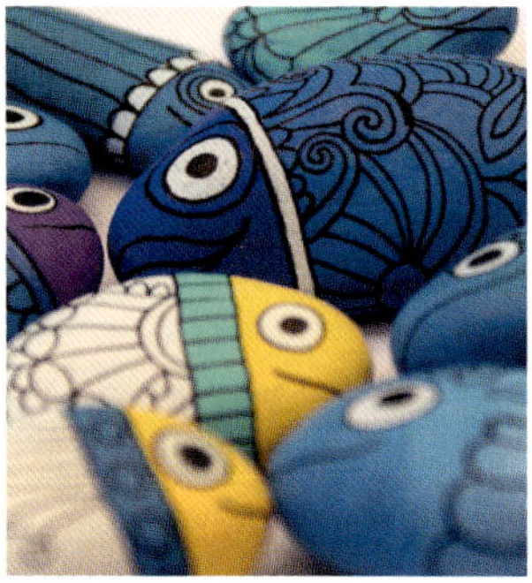

1 Ein paar Steine in Blau-, Türkis- und Grüntönen und Weiß bemalen. Trocknen lassen und weitere ein bis zwei Schichten auftragen. Die Farben decken unterschiedlich – je nach Farbton und je nach Oberfläche des Steins. Aber spätestens die dritte Schicht wird decken! Ober- und Unterseite abwechselnd bemalen, zwischendrin gut trocknen lassen.

2 Damit der Schwarm lebendig aussieht, bei manchen Fischen die Köpfe in einer zweiten Farbe anmalen, oder ein bisschen Verlauf in die Farben bringen, solange sie noch feucht sind. Dazu einen Pinsel nehmen und die Farben ineinander verwischen, zum Beispiel Türkis in Hellblau. Mit Weiß die Augen und ein paar Halsringe aufmalen.

3 Mit einem schwarzen, feinen Marker Konturen aufzeichnen: Augen, Pupillen, Flossen, Schwänze, Schuppen, Kringel – was immer dir einfällt. Die Konturen sind nur die Vorzeichnung, sie werden später noch einmal nachgezogen. Es ist also nicht schlimm, wenn manches danebengeht, das kannst du später wieder verbessern.

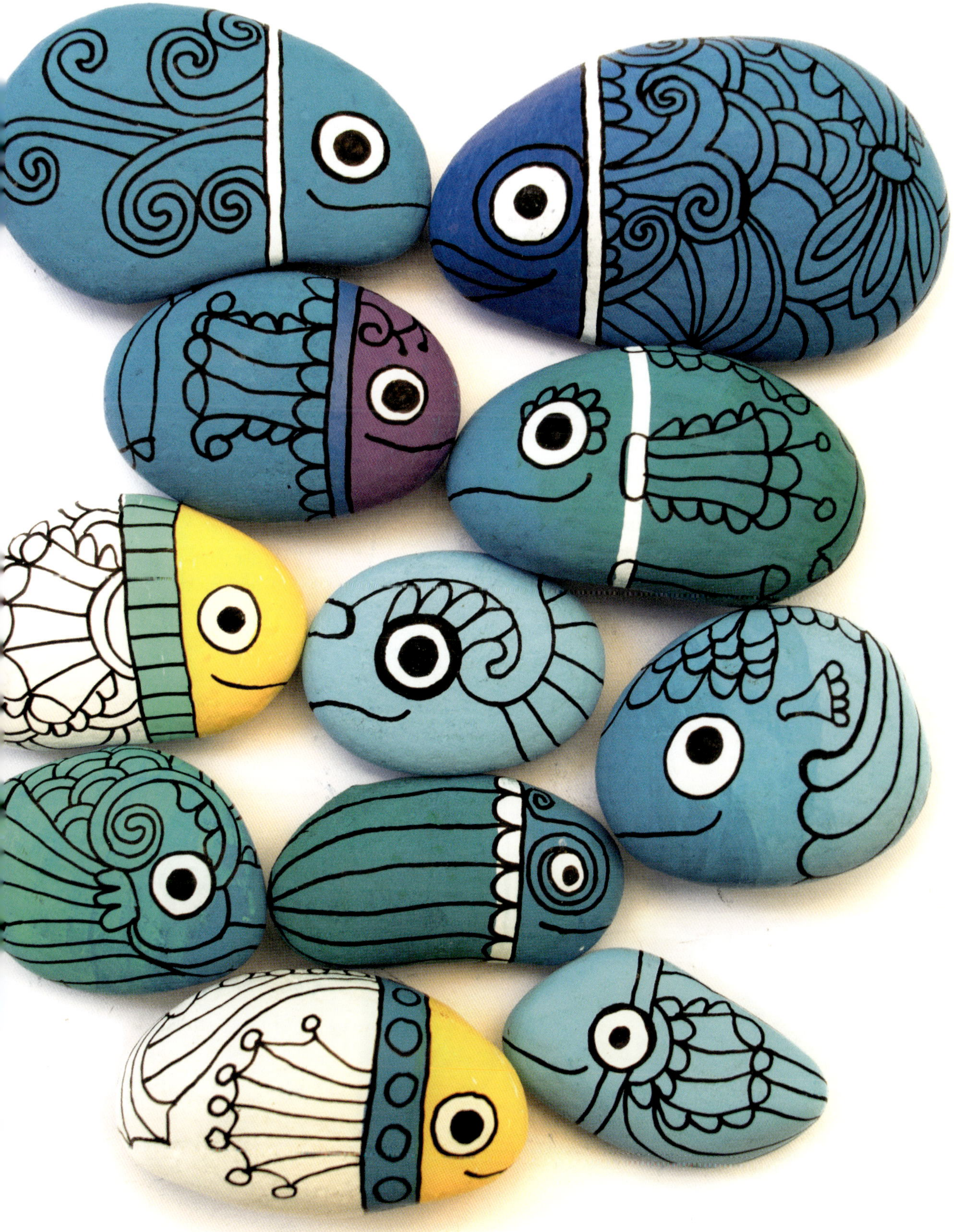

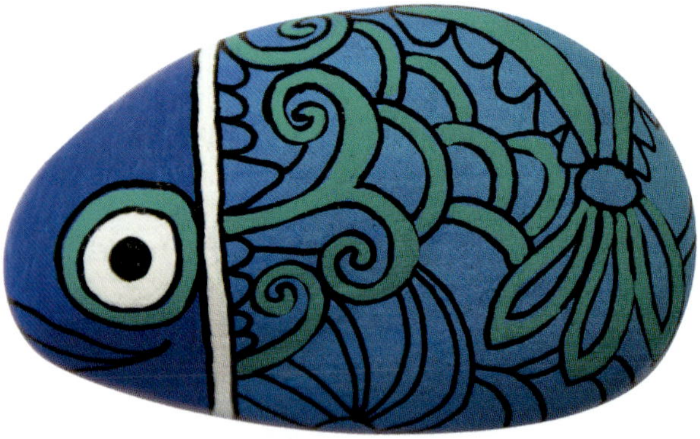

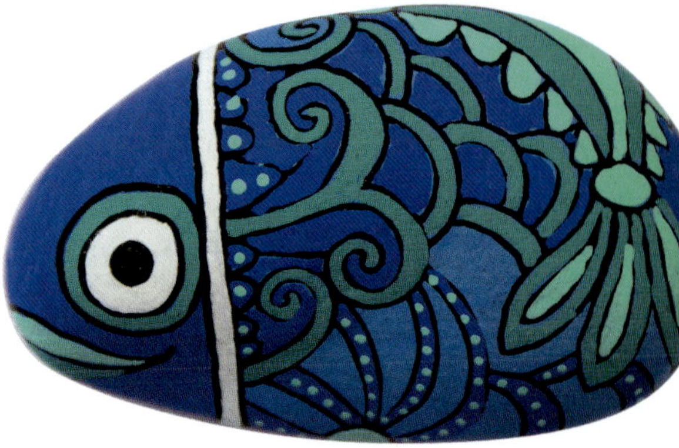

4 Dieser besonders prächtige Fisch ist ein gutes Beispiel für die weitere Vorgehensweise. Wir verwenden nur wenige Farbtöne, damit der Fisch zum Edelfisch wird. In Smaragdgrün die Flächen zwischen den Konturen ausmalen, einen Ring um das Auge legen und die Unterlippe anmalen. Die Bögen am Bauch dabei noch aussparen.

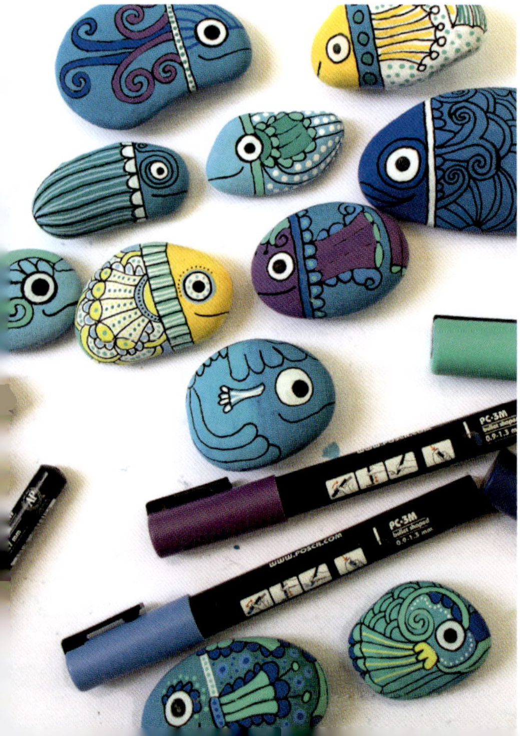

5 Die Flächen zwischen den grünen Schuppenrändern, die Schuppen am Halskringel und die Flächen neben dem Schwanz im Blau vom Kopf ausmalen. Die Konturen am Bauch auch mit dem Blau füllen. Dadurch hebt sich der Rücken vom Bauch ab, und es entsteht eine gewisse Tiefe, die nicht entstehen würde, wenn alles in der gleichen Farbe gefüllt wäre. Trocknen lassen. Mit Aquagrün die restlichen Flächen vom Schwanz und die Oberlippe ausmalen. Auf die blauen Kringel und die Halsschuppen Punkte in Aquagrün setzen.

6 Den mittleren Kringel, den Schwanz und die Halsschuppen mit weißen Punkten verzieren. In das Halsband und das Weiße vom Auge aquagrüne Punkte setzen. Trocknen lassen. Mit einem dünnen, schwarzen Marker die Konturen nachfahren und Punkte um das Auge setzen. In die blauen Flächen, den Halsring und den Schwanz feine Linien und Punkte mit einem wasserfesten, schwarzen Fineliner zeichnen. Trocknen lassen, zwei- oder dreimal lackieren.

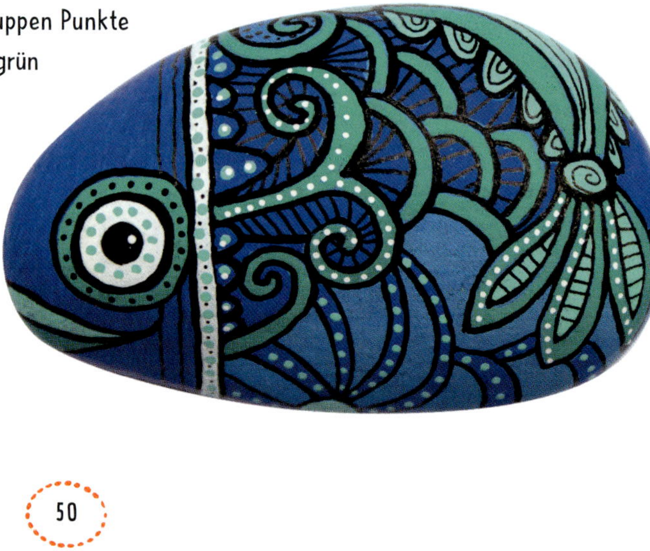

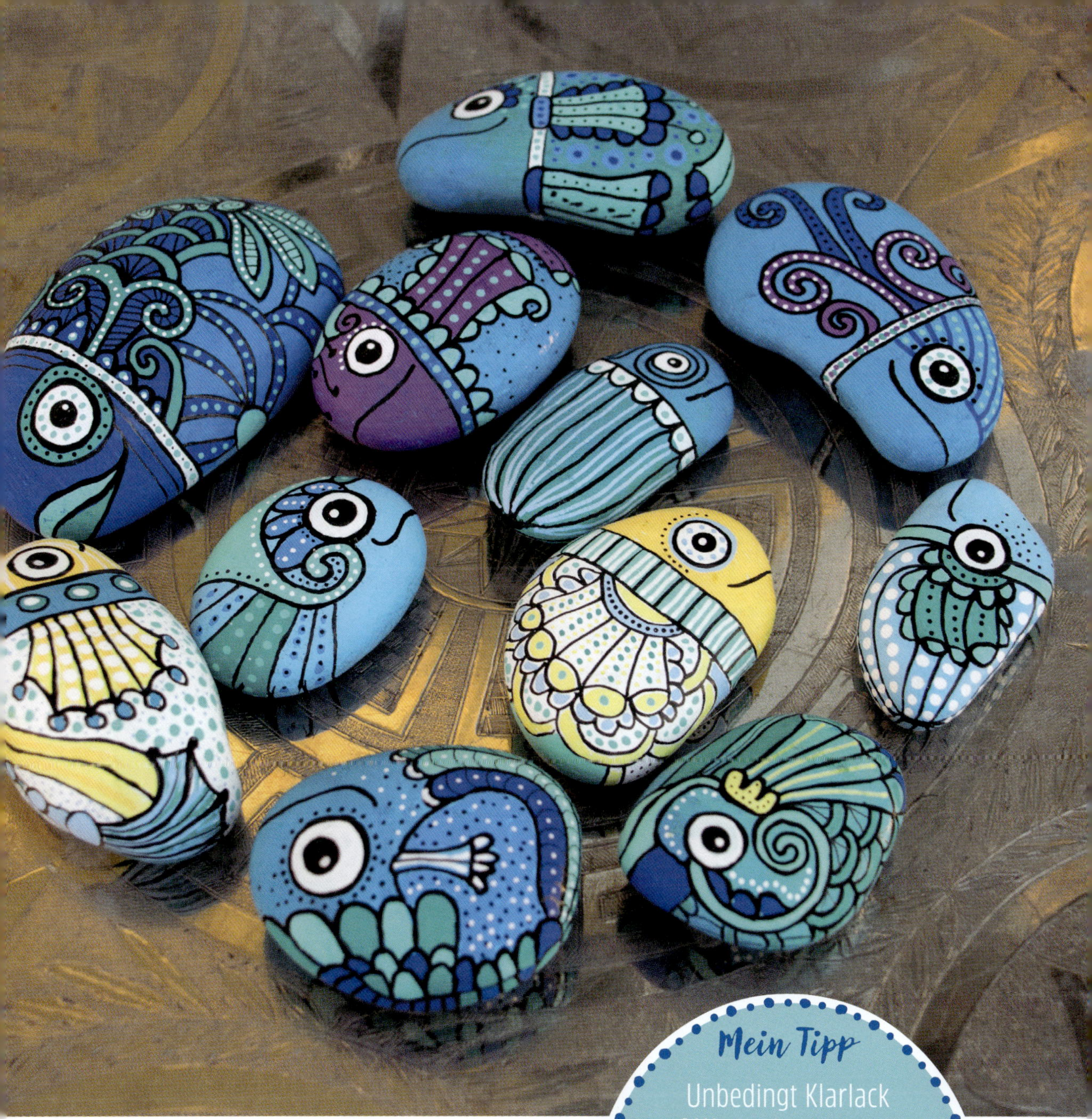

Um die Rückseite der Fische auch zu gestalten, abwechselnd Ober- und Unterseite bemalen und dazwischen trocknen lassen. Den Lack am Ende nur dünn auftragen, dann sieht man keine Übergänge. Wer mag, kann auch Lackspray verwenden, aber ich finde es angenehmer, zu pinseln.

Mein Tipp

Unbedingt Klarlack auf Wasserbasis verwenden, sonst lösen sich die Farben wieder an. Die erste Schicht zügig auflegen und trocknen lassen. Oben und unten nacheinander lackieren.

HAB-MICH-LIEB-KATZEN

Eigentlich sehen Katzen ganz anders aus als diese hier – trotzdem erkennst du sie sofort als Katzen. Sie haben alle große Augen – mit denen sie schmachtend oder frech schauen –, irgendein Muster im Fell und bestehen aus einfachen Formen. So passen sie zusammen – wie eine Familie. Ich habe sie als Stoffmuster entworfen, aber auf Stein sehen sie auch gut aus und lassen sich leicht nachzeichnen. Viel Spaß damit!

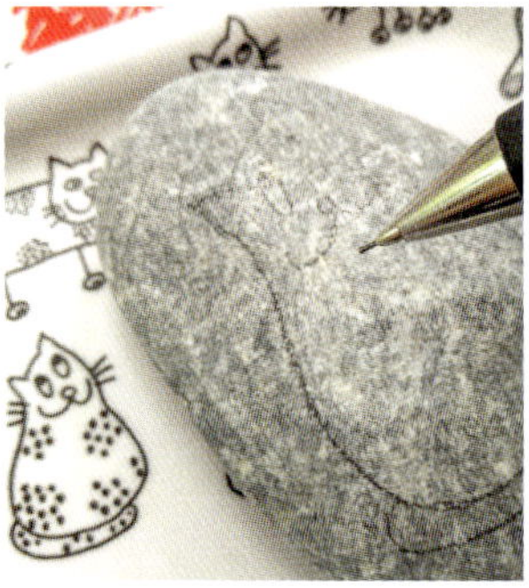

1 Das Motiv mit Bleistift auf einen Stein skizzieren.

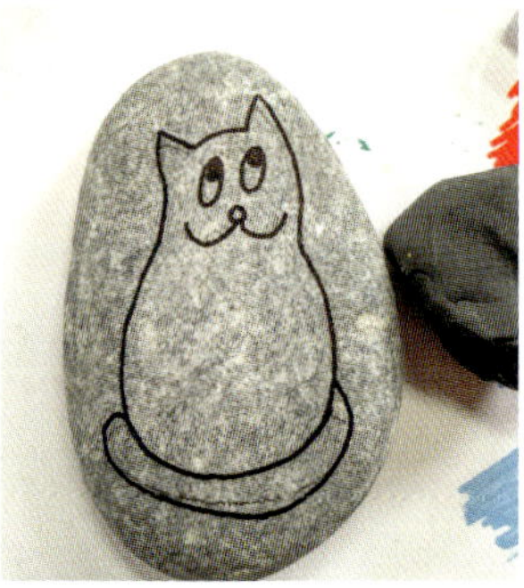

2 Mit dünnem, schwarzem Acryl- oder Pigmentmarker die Kontur und das Gesicht nachzeichnen. Die schwarze Farbe gut trocknen lassen und die Bleistiftzeichnung mit einem Knetgummi entfernen.

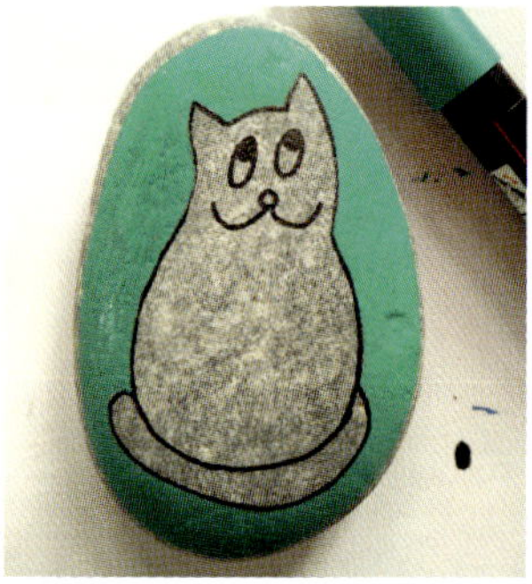

3 Die Fläche um die Katze herum grün, die Katze weiß ausmalen, die Konturen dabei möglichst frei lassen. Ich habe Pigmentmarker verwendet, du könntest aber auch Acryltusche oder -marker nehmen. Gut trocknen lassen und noch eine zweite oder dritte Farbschicht auflegen. Das Weiß der Katze muss nicht absolut deckend sein, die leicht durchscheinende Steinstruktur sieht reizvoll aus.

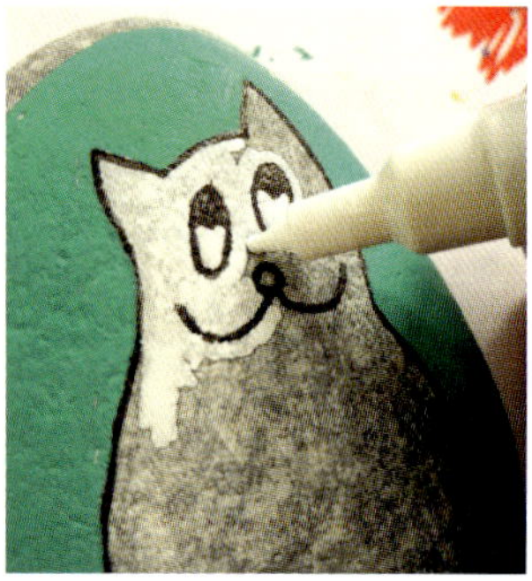

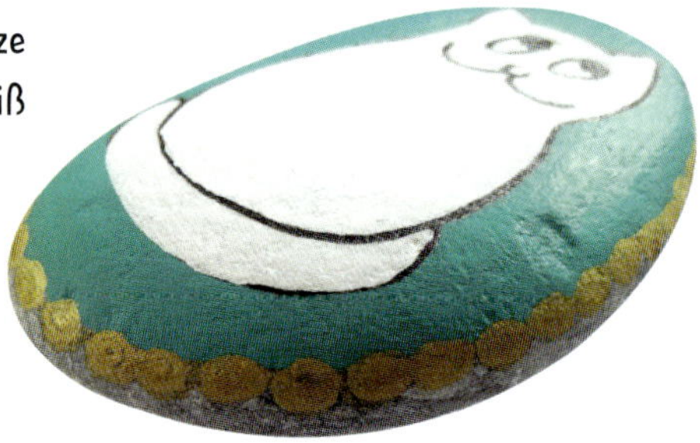

4 Einen Rahmen aus goldenen Punkten um das Oval malen.

5 Die Nase rosa füllen, Konturen schwarz nachzeichnen, Goldpunkte umranden. Schnurrhaare und Fell etwas feiner aufzeichnen. Weiße Glanzlichter in die Goldpunkte setzen, Herzchen aufzeichnen und rot ausmalen. Trocknen lassen, lackieren, fertig!

Weitere Katzen-Vorlagen findest du auf Seite 84.

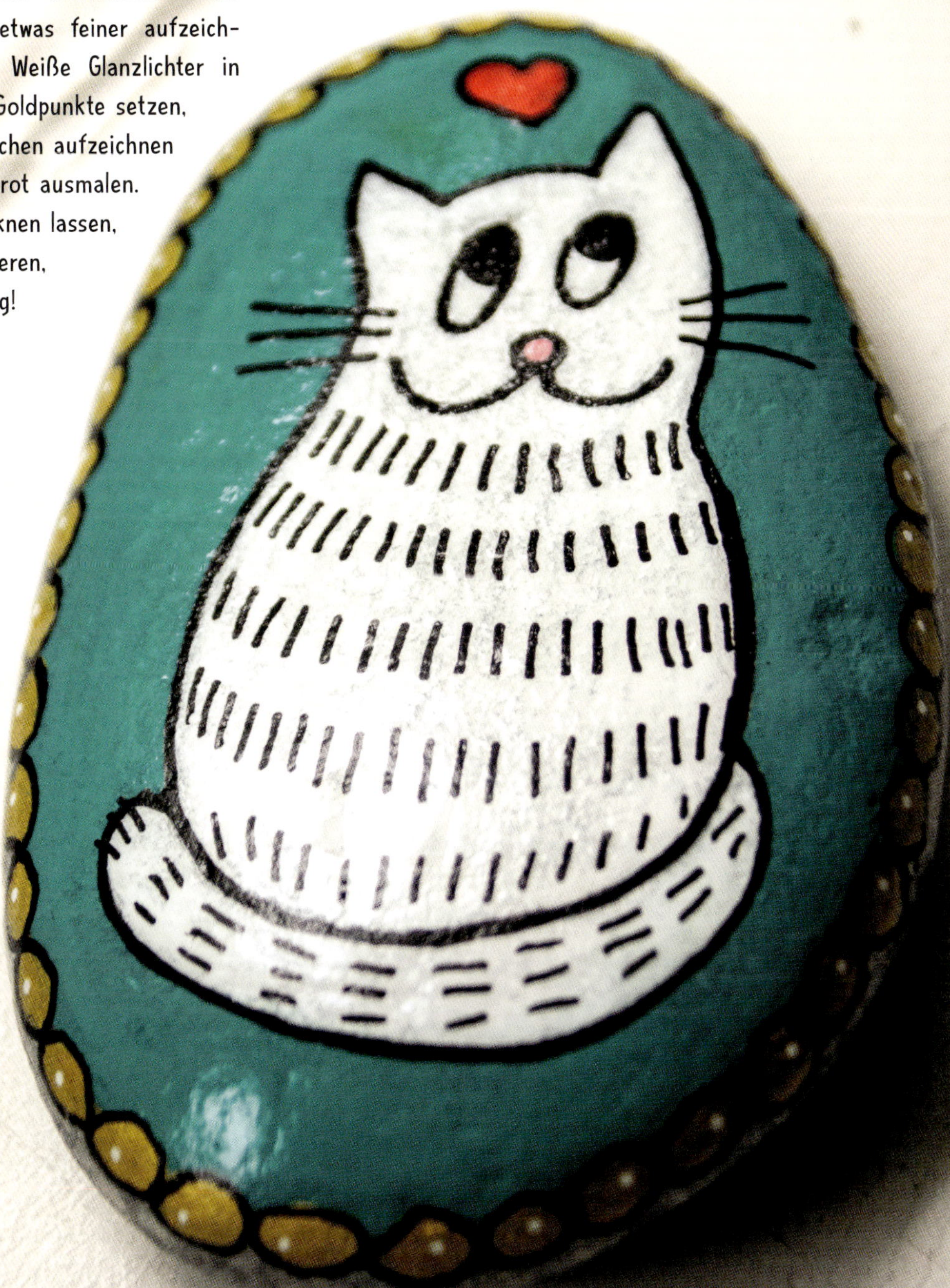

HAB-MICH-LIEB-HUNDE

Für Hundefreunde den richtigen Hund zu zeichnen, ist gar nicht so einfach, denn es gibt große Unterschiede zwischen einer Dogge und einem Dackel, einem Pudel und einem Windhund. Was alle Hunde gemeinsam haben: Sie können treu und lieb schauen. Manchmal erscheint es fast so, als ob sie heimlich vor dem Spiegel stehen und den mitleiderregendsten Blick üben, der sicher zu einem Leckerli führt.

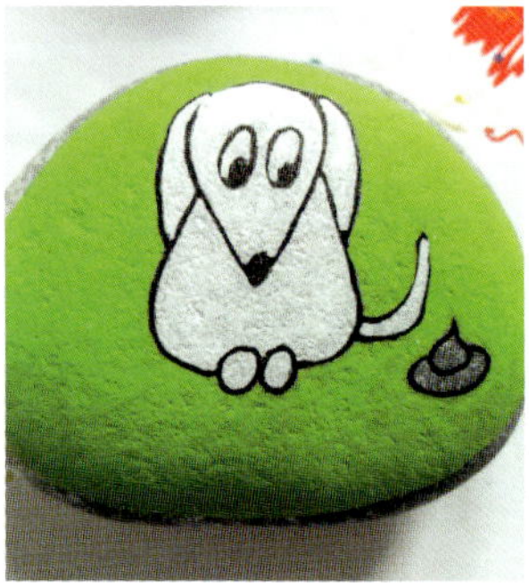

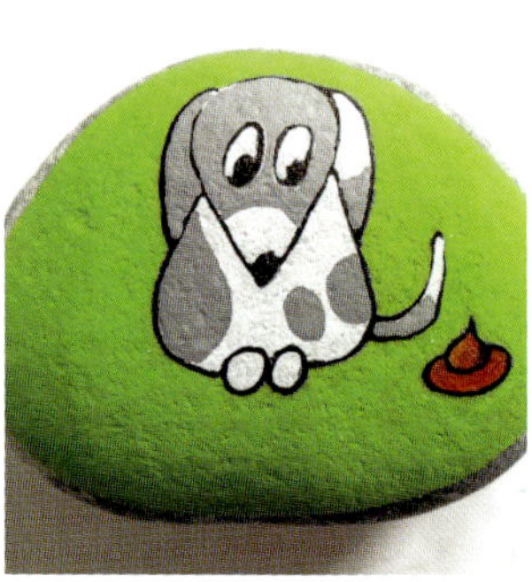

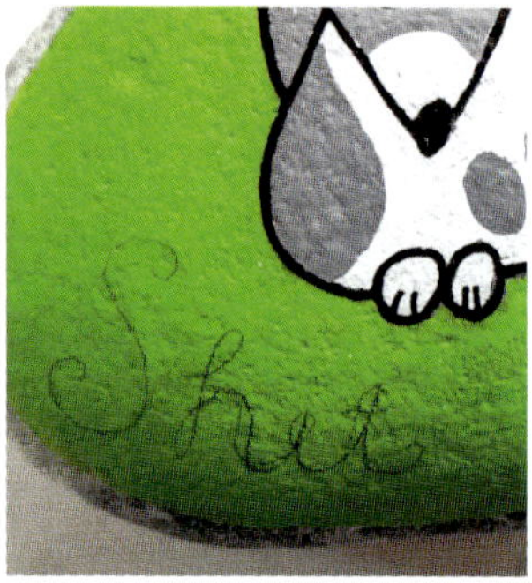

1 Das Motiv mit Bleistift auf einen Stein skizzieren. Mit dünnem, schwarzem Acryl- oder Pigmentmarker die Kontur, das Gesicht und das Häufchen nachzeichnen. Die schwarze Farbe gut trocknen lassen und die Bleistiftzeichnung mit einem Knetgummi entfernen. Die Fläche um den Hund herum grün, den Hund weiß ausmalen, die Konturen dabei möglichst frei lassen.

2 Graue Flecken in das Fell setzen, das Häufchen braun anmalen. Gut trocknen lassen und noch eine zweite oder dritte Farbschicht auflegen. Trocknen lassen. Die Konturen nachziehen, und ein paar schwarze Punkte hinzufügen.

3 Die Schrift leicht mit Bleistift auf die Fläche skizzieren, dazu vorher auf Papier eine Skizze machen, damit du die Größe abschätzen kannst, in der du den Text auf deinem Stein unterbringst. Den Stein dazu auf ein Blatt Papier legen, umranden und in dieses Oval die Schrift zeichnen. So wenig wie nötig vorzeichnen, denn auf dem farbigen Untergrund kann man schlecht radieren.

Weitere Hunde-Vorlagen findest du auf Seite 86.

4 Die Schrift mit einem feinen Marker schwarz nachzeichnen, ich habe hier einen POSCA mit 0,7 mm Spitze verwendet, der Stein ist ungefähr 90 mm breit und 70 mm hoch. Trocknen lassen, mehrmals in dünnen Schichten lackieren. Den unbemalten Stein dabei aussparen – das gibt einen schönen Kontrast von Matt zu Glänzend.

Shit HAPPENS!

Hier die Vorlage für die Schrift.

Mein Tipp

Am besten über Nacht trocknen lassen, damit beim Lackieren nichts verläuft. Mit dem Pinsel den Lack sehr fein auftragen und den unbemalten Stein frei lassen.

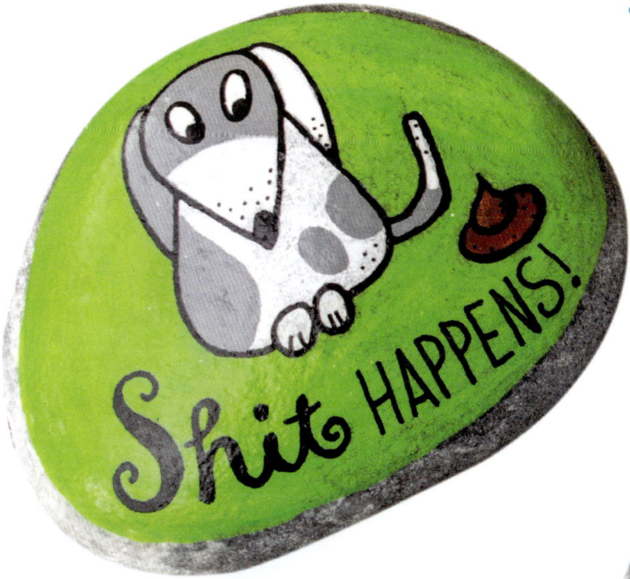

Alternative:

Das gleiche Motiv als Hochformat in frischem Blau sieht auch gut aus.

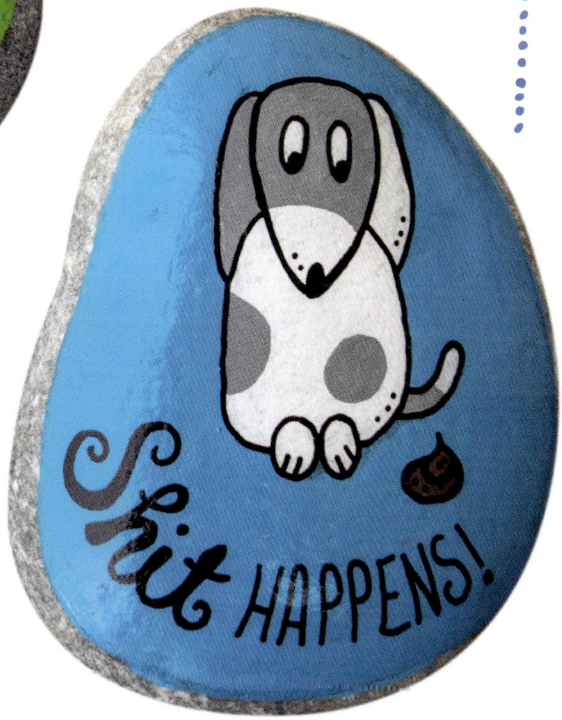

VERTRÄUMTES EINHORN

In unserer Fantasie gibt es noch ganz andere Tiere als Hunde, Katzen und Schafe – zum Beispiel Einhörner. Dieses Einhorn steht verträumt auf einem Hügel und lässt sich von der Sonne bescheinen. Was der Schmetterling ihm wohl erzählt? Gemalt habe ich es mit Tuschestiften auf einen sehr glatten, hellen Stein, bei dem eine Grundierung nicht nötig war.

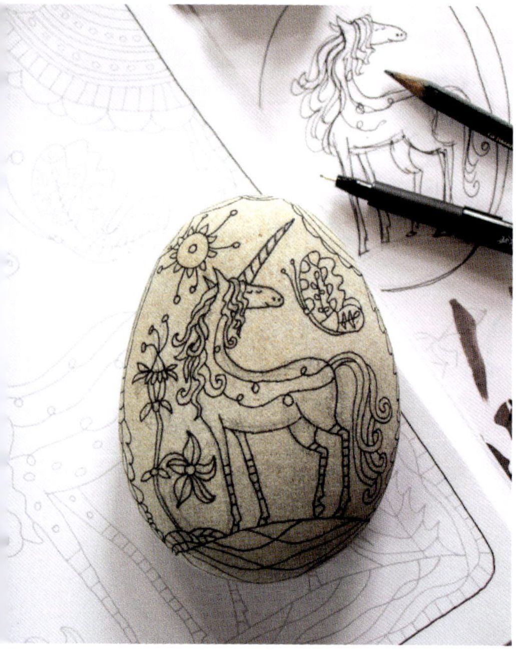

1 Eine lockere Skizze des Motivs auf Papier zeichnen, dann mit Bleistift auf den Stein übertragen. Mit einem Fineliner Stärke 0,3 die Zeichnung darüber auftragen, trocknen lassen und mit einem weichen Knetgummi den Bleistift entfernen.

2 Die schwarze Zeichnung gut trocknen lassen, damit sie beim Ausmalen nicht verwischt. Mit zarten Tönen die erste Farbschicht auflegen. Das ist wie beim Aquarellmalen – dunkler kann es immer noch werden, aber heller nicht mehr. Da die Farben transparent sind, mischt der Untergrund mit. Bei diesem leicht gelblichen Stein sind alle Töne wärmer geworden, als sie auf weißem Papier wären. Wie die jeweilige Farbe aussieht, zeigt sich erst, wenn sie trocken ist. Deswegen vorsichtig hell beginnen und schrittweise dunkler werden. Einmal alles ausmalen und die erste Schicht trocknen lassen.

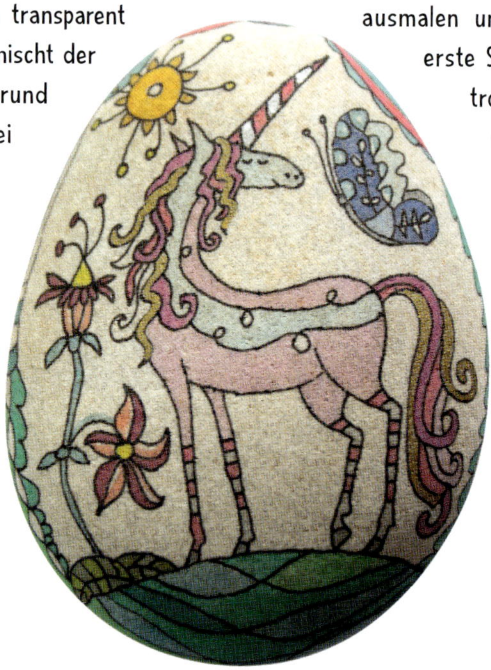

3 Eine weitere Farbschicht aufmalen, trocknen lassen und an manchen Stellen weitere auflegen. Gut trocknen lassen, damit im nächsten Schritt die Zeichnung nicht verläuft.

4 Mit dem schwarzen Fineliner die Konturen teilweise nachzeichnen und noch ein paar Details wie Punkte oder Kringel hinzufügen.

5 Mit goldener Acryltusche und einem feinen Pinsel oder einem goldenen Marker Punkte hinzufügen und einzelne Strähnen der Mähne und des Schweifs golden ausmalen. Trocknen lassen und lackieren.

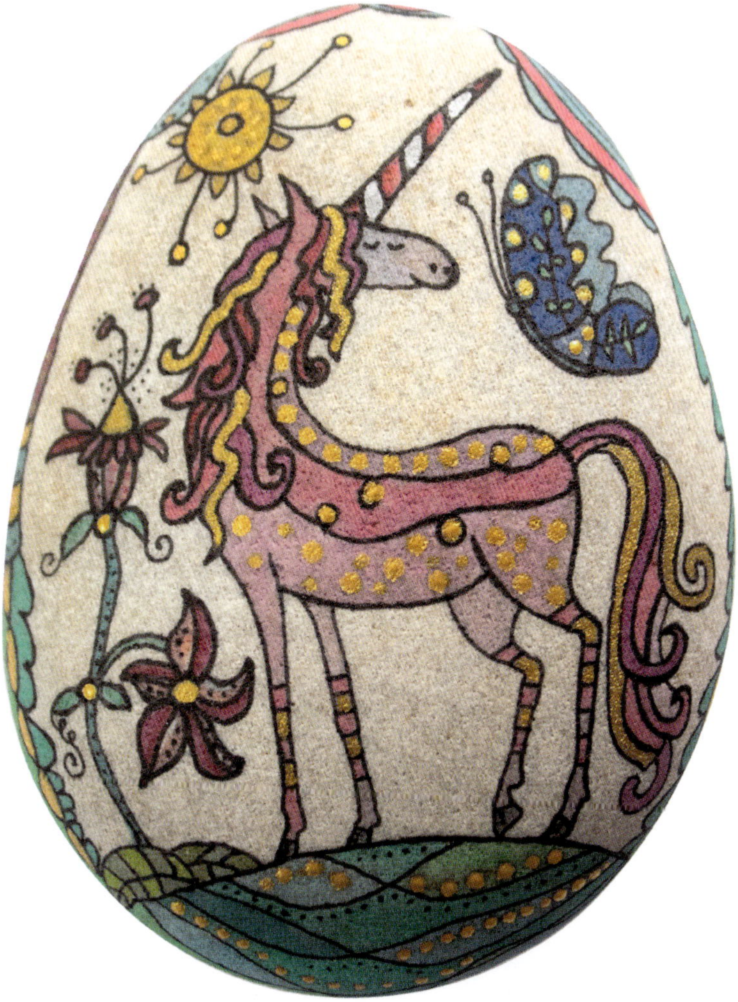

Mein Tipp

Probiere auf einem Blatt Papier aus, wie die Farben reagieren, wenn du sie übereinander malst. Unterlege zum Beispiel Rosa mit Hellgrün – dadurch wird es wärmer.

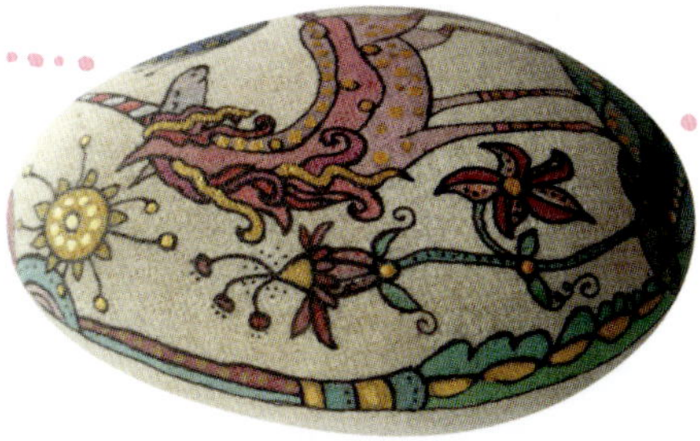

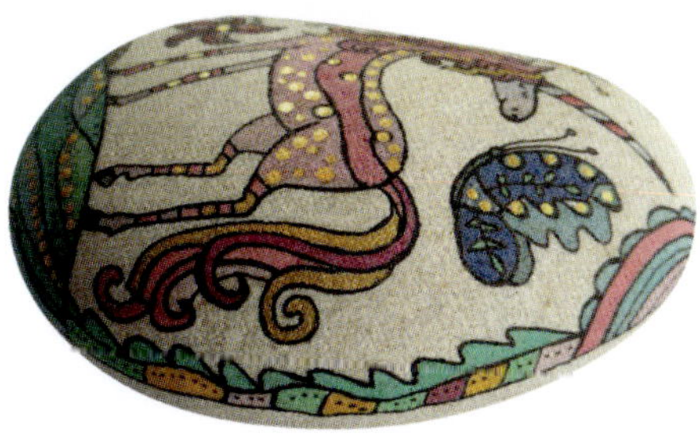

PAPUNYA-TULA-SCHAFE

Nicht immer sind es die runden, glatten Steine, die uns inspirieren, manchmal ist es auch eine besondere Form oder Färbung. Dieser Stein hat mich dazu angeregt, ein Dotpainting ähnlich dem Stil der Aborigines daraufzumalen. Ich war noch nie in Australien, aber die Kunst der Aborigines spricht mich sehr an. Ihre Dotpaintings gehen zurück auf Sandmalereien, die für rituelle Zwecke angefertigt wurden und geheimes Wissen enthielten.

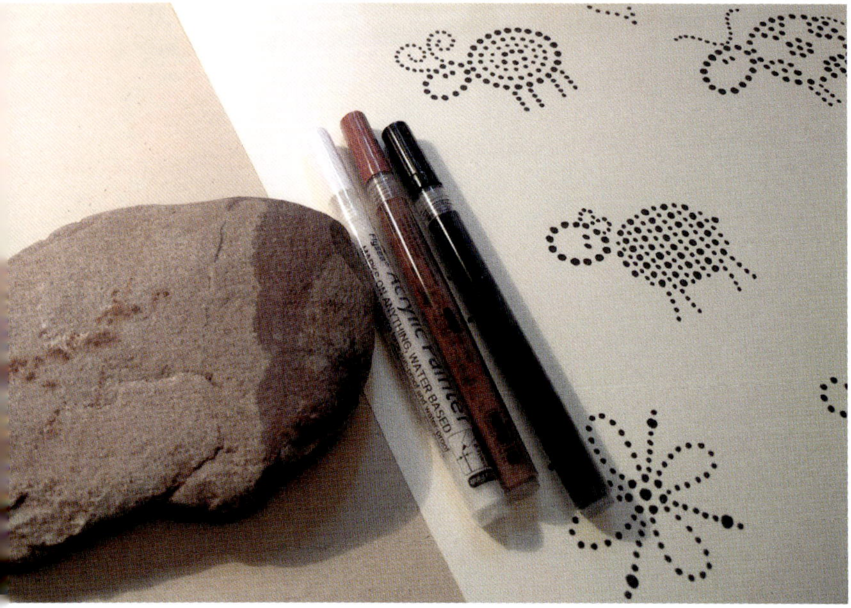

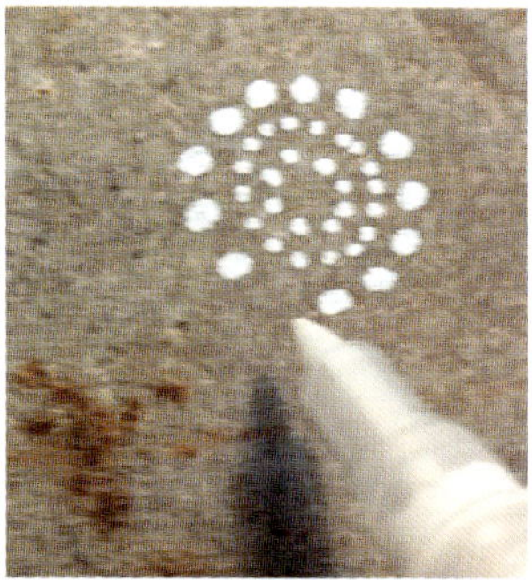

1 Wähle die Farben passend zu deinem Stein, sodass die Malerei wie eine selbstverständliche Ergänzung wirkt, nach der der Stein verlangt hat. Hat er dich ausgesucht oder du ihn? Nimm dir ein paar Minuten Zeit und lass ihn auf dich wirken. Was möchtest du auf ihn malen? Leg ein paar Skizzen dazu an, bevor du loslegst.

2 Da zu einem solchen Stein keine Lackierung passt, verwende wasserfeste Acrylmarker. Nimm dir Zeit, vielleicht legst du dir schöne Musik auf und lässt dein Motiv von innen heraus Punkt für Punkt entstehen. Das ist besser, als von außen zu beginnen, denn so kann es langsam wachsen. Ich habe diesen Stein über einige Tage gemalt, in mehreren kleinen, meditativen Pausen vom Alltag.

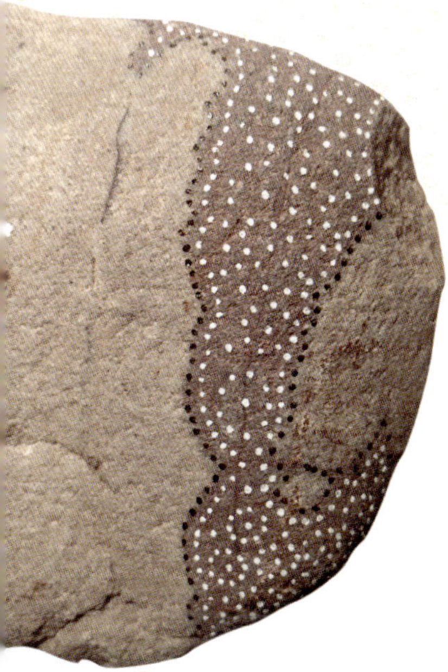

3 Ich habe die farbige Ader des Steins herausgearbeitet, indem ich ihren Rand mit Punkten in einer ähnlichen Farbe betont, und innen mit weißen Punkten verziert habe.

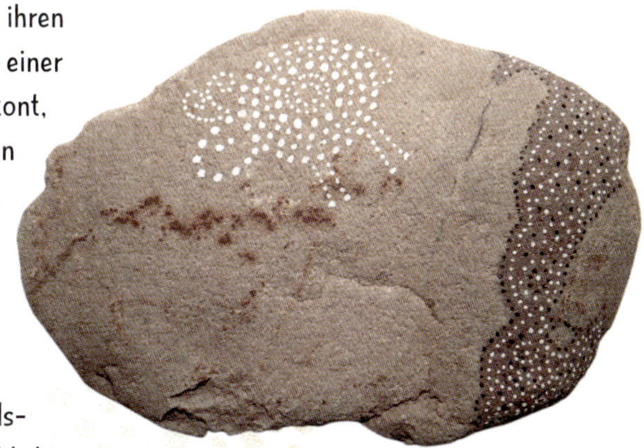

4 Das große Schaf bekommt ein Lamm dazu, das sehnsüchtig von der unteren Felskante zu ihm hochblickt. Schwarze und braune Punkte bilden einen Kontrast zu den weißen Figuren, goldene Punkte lassen den Stein kostbar aussehen.

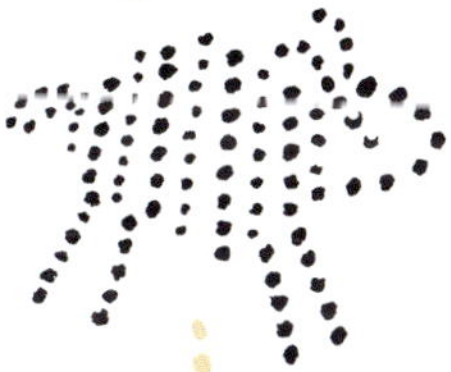

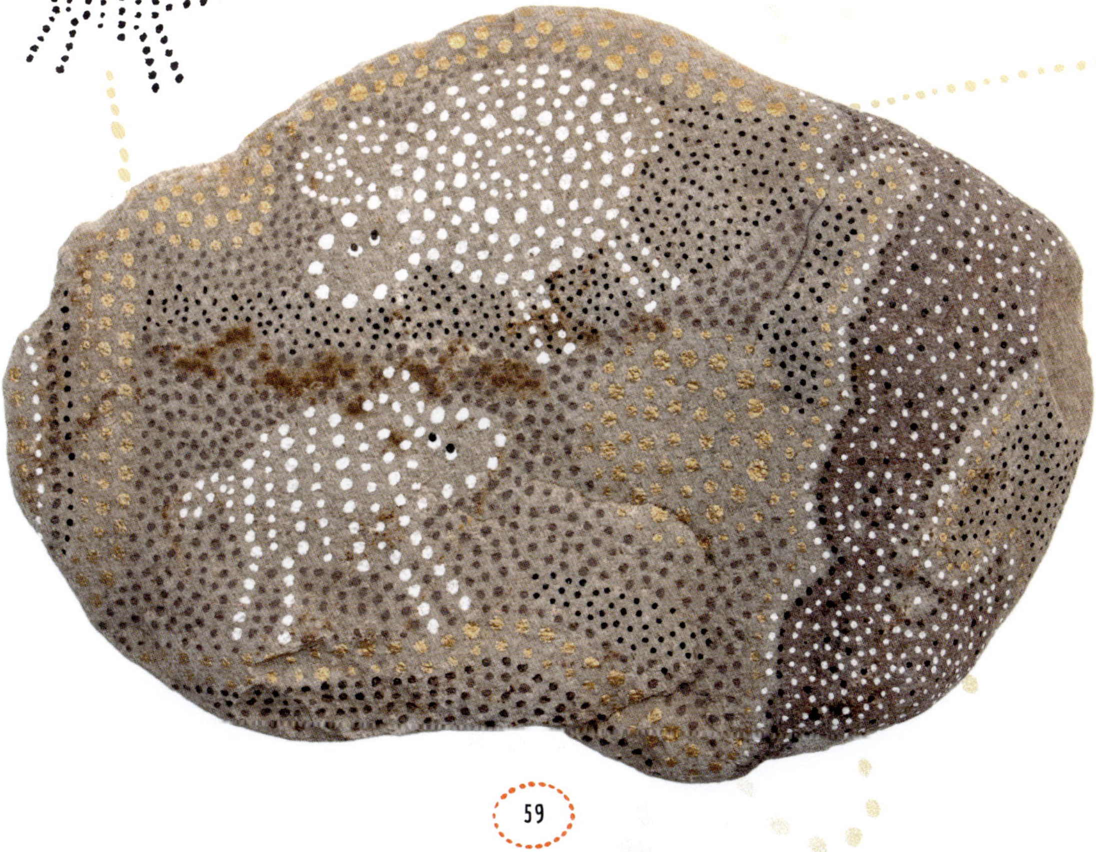

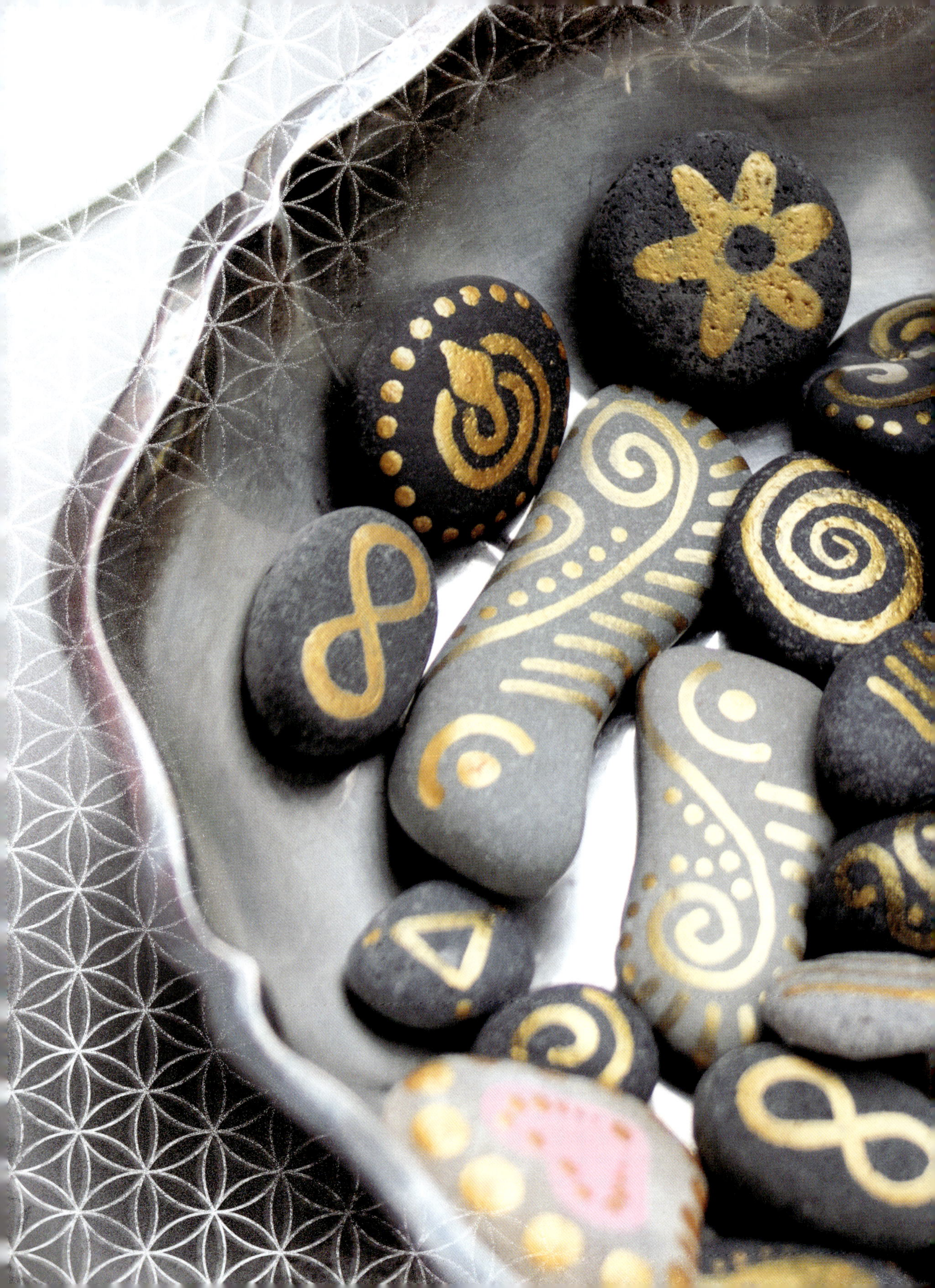

MAGISCHE STEINE

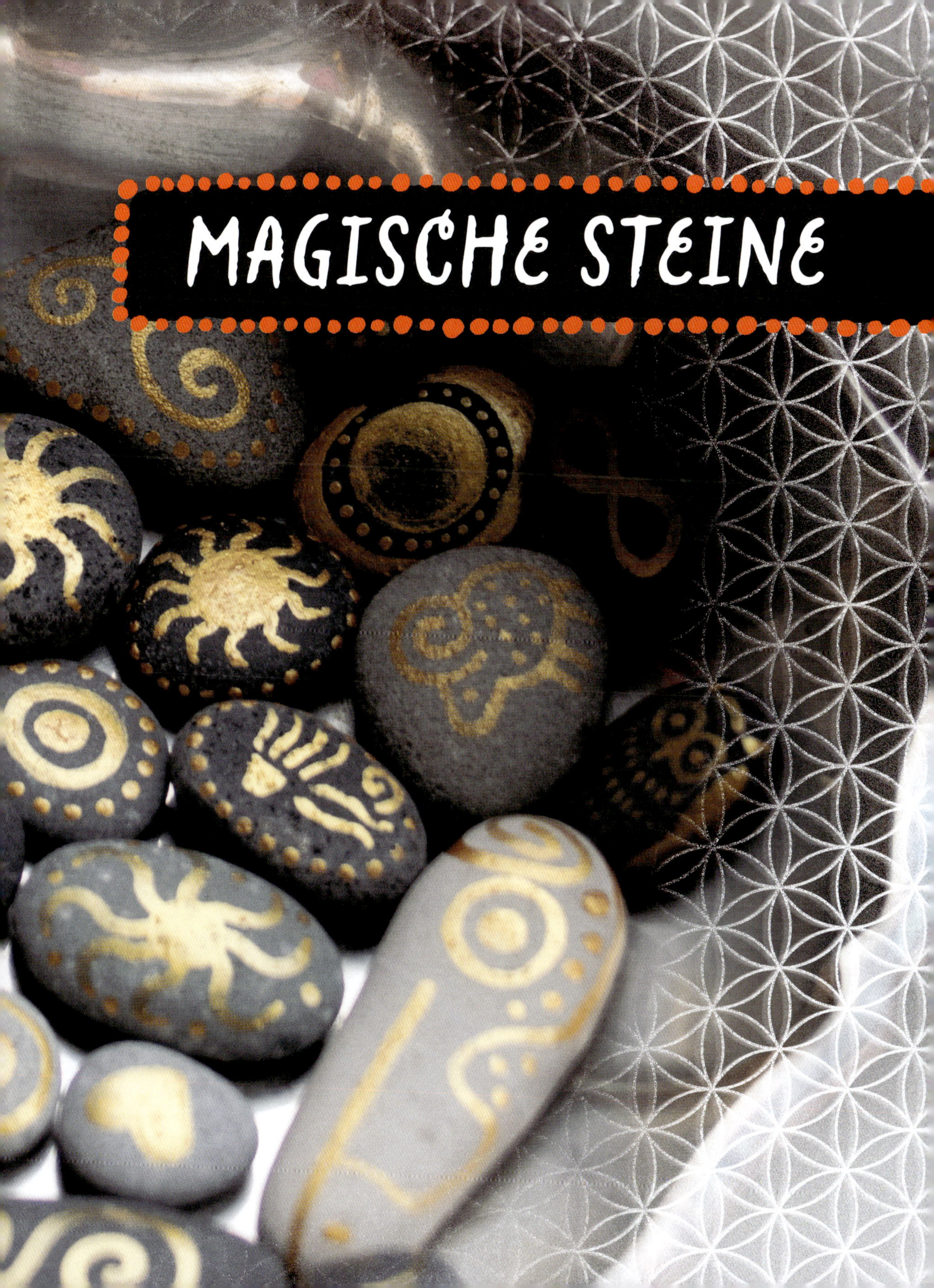

KRAFTTIERE

Welche Tiere begegnen dir in deinen Träumen, zu welchen hast du einen besonderen Bezug? Das könnten deine Krafttiere sein. Sie haben spezielle Energien, die dir Kraft geben, wenn du sie ganz spielerisch in dein Leben lässt. Stell dir vor, dass du fliegst wie ein Adler oder stark bist wie ein Löwe – allein der Gedanke beflügelt dich oder macht dich stark.

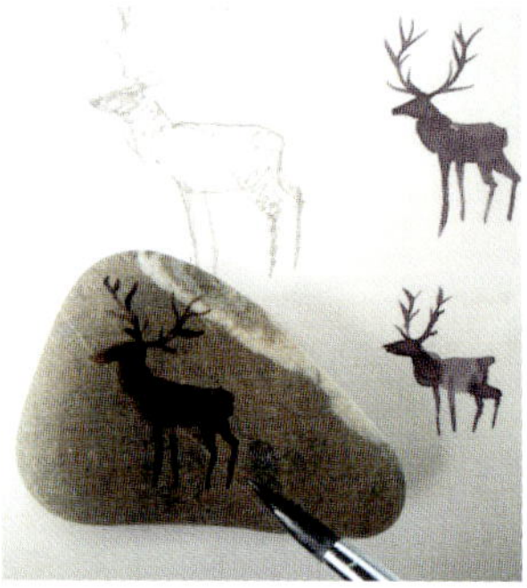

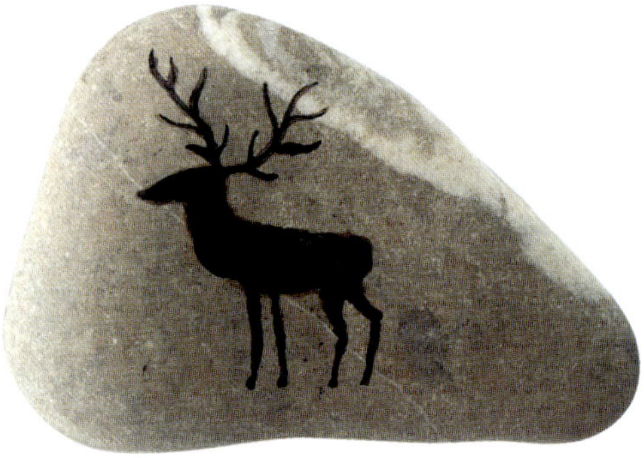

1 Für dein persönliches Krafttier brauchst du einen besonderen Stein, er sollte eine Form oder Färbung haben, die dich anspricht. Mein Stein hat eine samtige Oberfläche, seine Form liegt angenehm in der Hand und seine weiße Maserung erinnert mich an einen hellen Himmel. Welches Tier möchtest du malen? Mache dir eine Skizze und übe seine Silhouette, bevor du sie mit Tusche und Pinsel, zart auf den Stein überträgst.

2 Die Silhouette trocknen lassen und noch mal übermalen, bis sie dunkel genug ist und sich gut vom Stein abhebt.

3 Einen goldenen Boden dazu malen und diesen auch auf der Rückseite des Steins fortführen. Mit goldenen und dunklen Punkten verzieren. Trocknen lassen und lackieren.

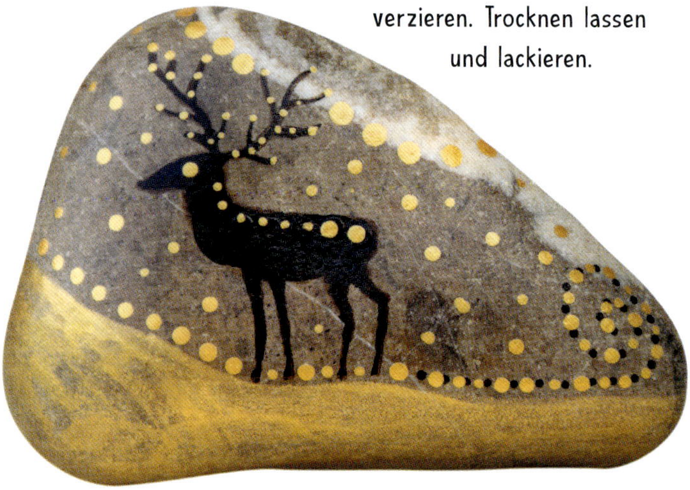

Um eine Serie von Krafttieren in diesem Stil zu malen, musst du nur immer die gleichen Zutaten verwenden:

- die Silhouette des Tiers in dunkler Farbe,
- einen goldenen Boden mit Punkten darüber
- weitere goldene Punkte
- weiße Farbe im Stein oder aufgemalt.

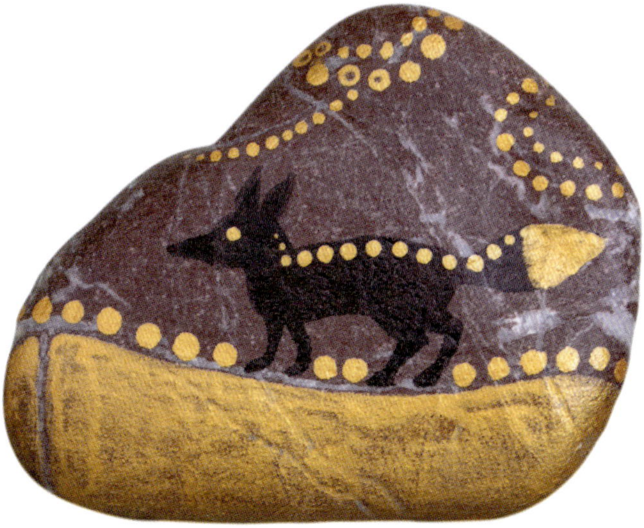

Mein Tipp

Überleg nicht zu angestrengt, welches dein Krafttier sein könnte. Geh es spielerisch an und sieh die Beschäftigung damit als eine von vielen Möglichkeiten, die Welt zu erleben.

Der Adler ist sehr klein dargestellt, da der Stein eine durchgehende weiße Ader hatte, aus der ich einen Baum wachsen ließ.

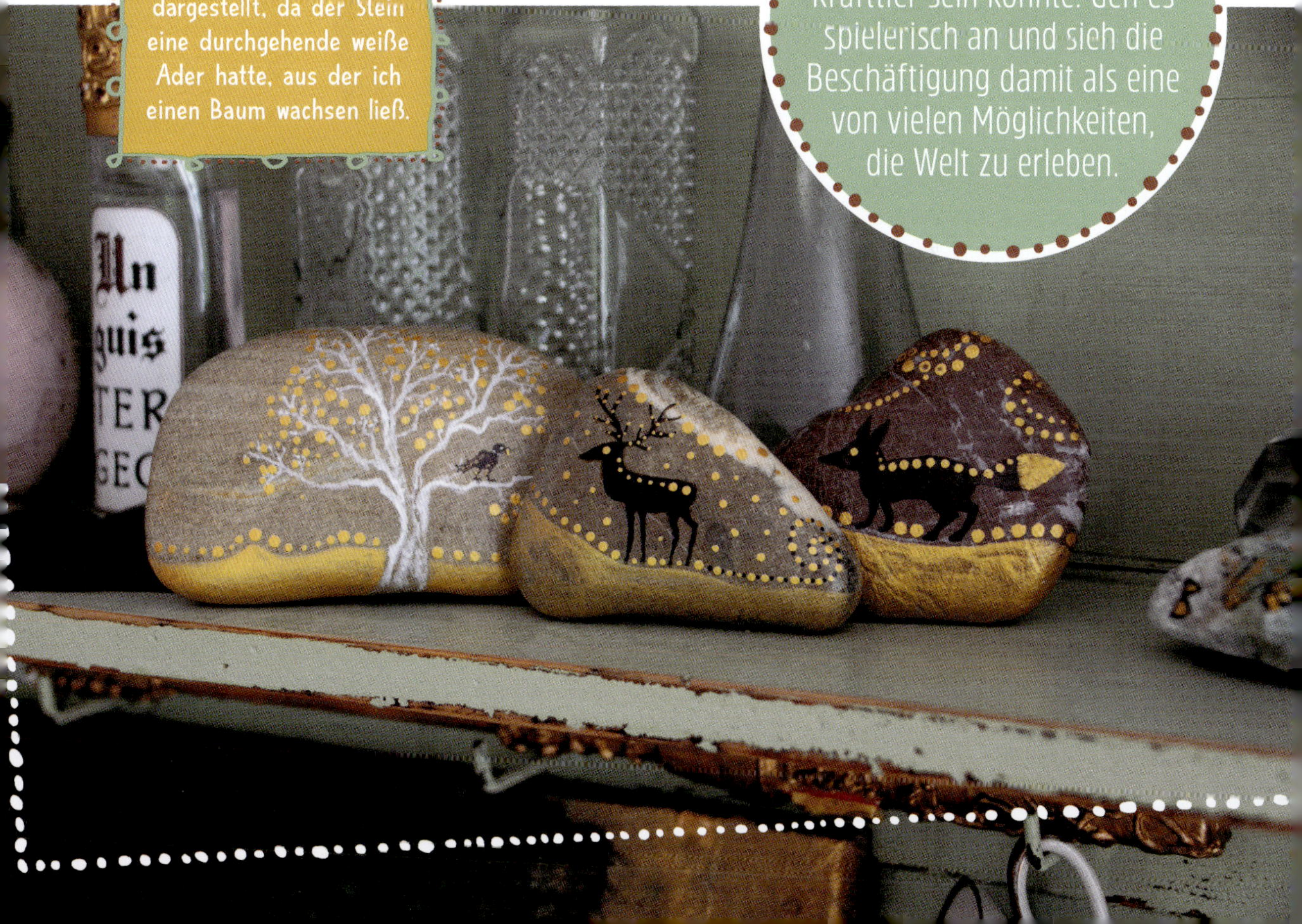

MAGISCHE SYMBOLE

Goldene Symbole auf schwarzen Steinen sehen magisch aus, aber auch helle Steine kannst du verzaubern, indem du ganz einfache, naive Muster daraufmalst. Wichtig dabei ist, dass das Gold wirklich golden aussieht – mein Lieblingsgold ist eine Glasmalfarbe, die man im Ofen fixieren muss. Eine Lackierung kann den archaischen Charakter am Ende zerstören, allerdings saugen zum Beispiel Lavasteine den Lack so auf, dass man ihn kaum sieht. Du kannst Symbole malen, die schon lange verwendet werden, wie die Spirale oder die Sonne. Du kannst dir aber auch – wie ich – deine eigenen Symbole ausdenken, die nur für dich eine spezielle Bedeutung haben oder einfach schön aussehen.

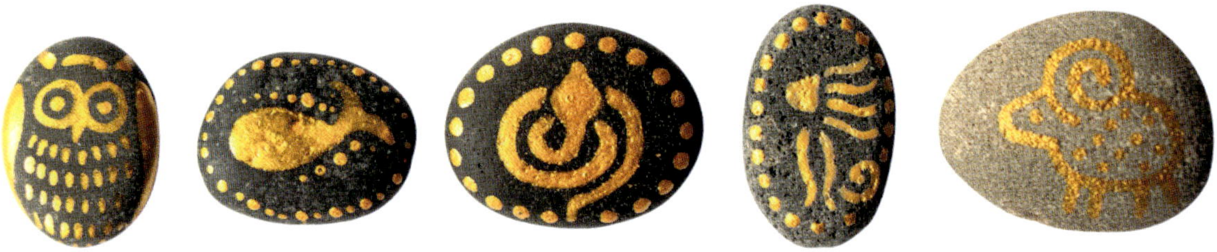

1 Die kleinen Steine hier sind manchmal nur knapp zwei Zentimeter breit, mehr Platz braucht es nicht für ein kleines Herz, eine Eule oder eine Spirale. Für deine magische Steinsammlung sollten die Steine farblich zusammenpassen und gut in der Hand liegen. Ich habe die Steine bei mehreren Urlauben und Spaziergängen zusammengetragen, die kleinen Lavasteine habe ich gekauft.

2 Die Steine gut reinigen und trocknen lassen. Mit Goldfarbe die Symbole aufmalen – auch Krafttiere lassen sich symbolisch darstellen. Manche Symbole habe ich mit dem »Porcelain-&-Glas-Marker« von Marabu gemalt, andere mit dem Pinsel, wobei ich dafür die Farbe aus dem Marker in ein Schälchen gepumpt habe. So vermeidet man auch, dass der Marker unerwünschte Pfützen auf dem Stein hinterlässt.

3 Bei den zweifarbigen Steinen erst die Farbe auftragen, dann das Gold. Das Graublau ist die Glasmalfarbe Navy-Blue von Kreul. Die Farben mindestens drei Stunden lang trocknen lassen und dann im Ofen bei 160 Grad 90 Minuten fixieren. Die Lavasteine kommen heller aus dem Ofen heraus, was an einer Art Staubschicht liegt, die sich nach dem Abkühlen wieder abwaschen lässt.

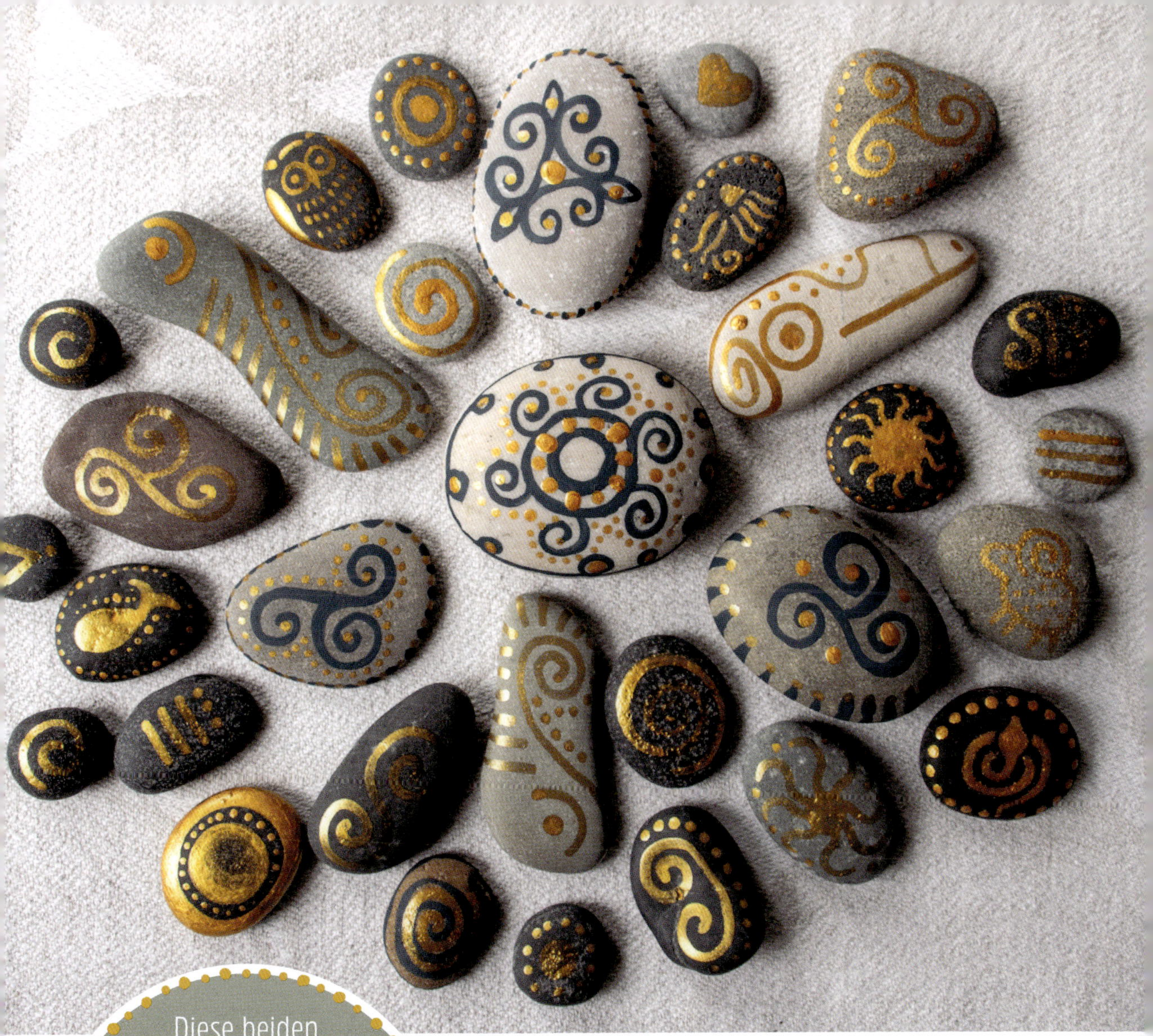

Diese beiden kleinen Steine passen ineinander wie füreinander geschaffen. Sie sind ein schönes Geschenk für einen Herzensmenschen – einer für dich und einer als Geschenk. So verbinden sie euch miteinander.

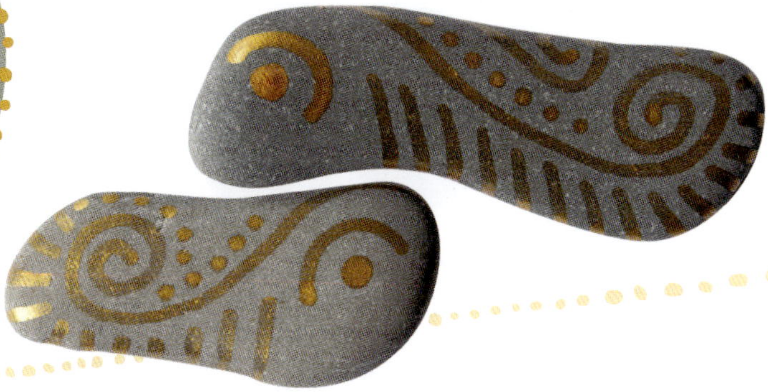

RUNEN-ORAKEL

Die Germanen und Wikinger befragten die Runen als Orakel, um damit die Zukunft vorauszusagen oder Einblick in mystische Zusammenhänge zu bekommen. Wir glauben heute meist nicht mehr an Orakel, aber es ist ein schönes Morgenritual, über das Motto des neuen Tages nachzudenken, einen Runenstein aus dem Säckchen zu ziehen, in einem Buch die Bedeutung nachzulesen und sie als Anregung zu nehmen.

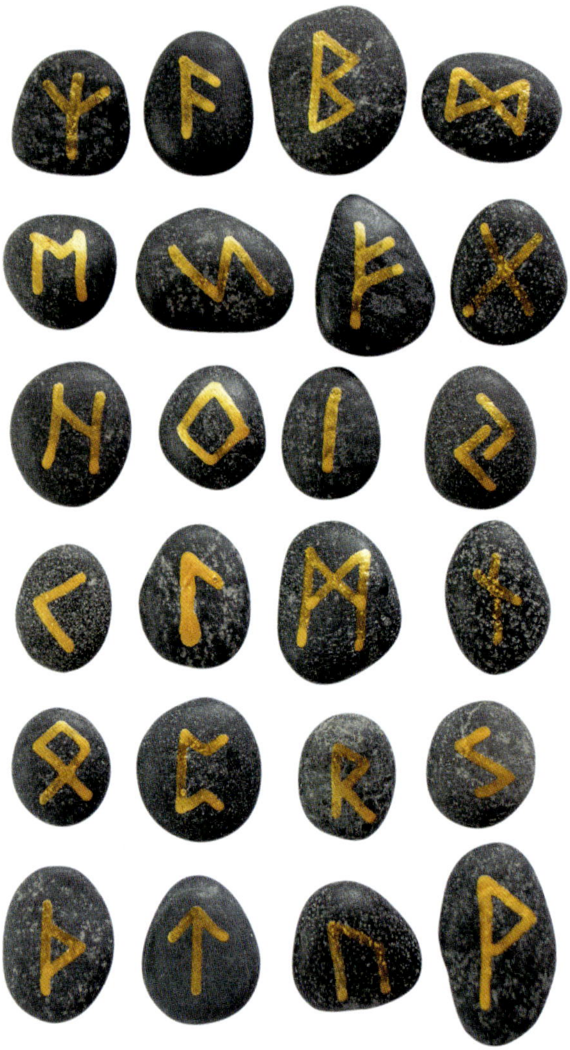

1 Für dieses Runenalphabet benötigst du 24 kleine Steine, zwischen zwei und vier Zentimeter groß. Die Steine säubern und trocknen lassen.

2 Einen wasserfesten Goldton wählen und die Zeichen aufmalen. Ich habe – wie bei den magischen Steinen auf den vorherigen Seiten – einen Porzellan- und Glasmarker verwendet und die Farben anschließend im Ofen fixiert.

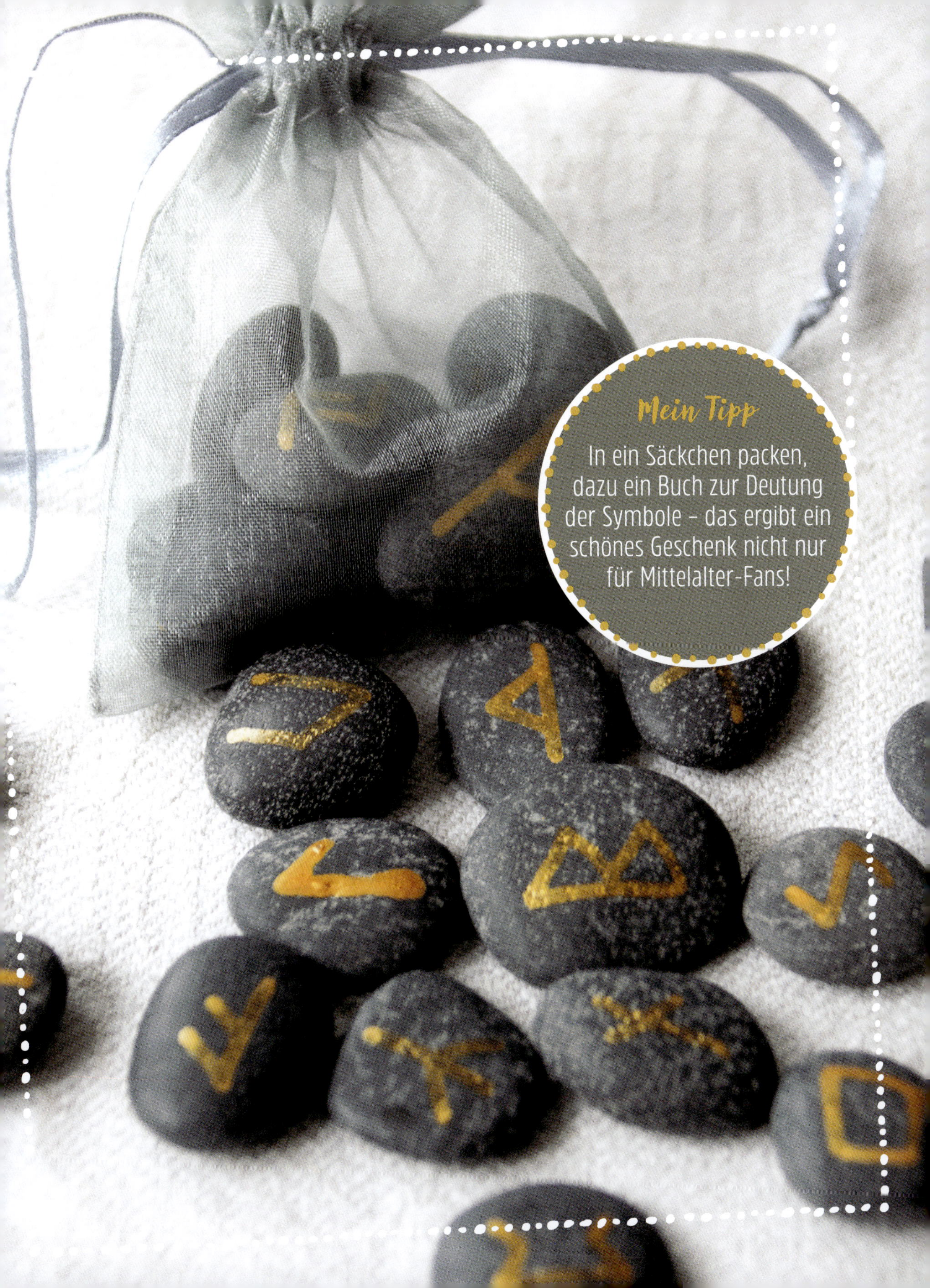

Mein Tipp

In ein Säckchen packen, dazu ein Buch zur Deutung der Symbole – das ergibt ein schönes Geschenk nicht nur für Mittelalter-Fans!

SCHÖNE WÖRTER

Auf den Steinen, die ausgelegt werden, stehen oft kleine Botschaften oder ein einzelnes Wort. Das Wort *Liebe* ist sehr populär, auch *Dankbarkeit* und *Hoffnung* sind häufig auftauchende Wörter. Eine Schale mit Wortsteinen ist nicht nur dekorativ – es öffnet auch neue Perspektiven, über einzelne Wörter nachzudenken. Wie fühlt sich *Milde* an, was löst *Klarheit* in dir aus? Vielleicht motiviert dich das Wort *Kreativität* für das, was du heute vorhast, oder *Humor* lässt dich schwierige Situationen leichter ertragen.

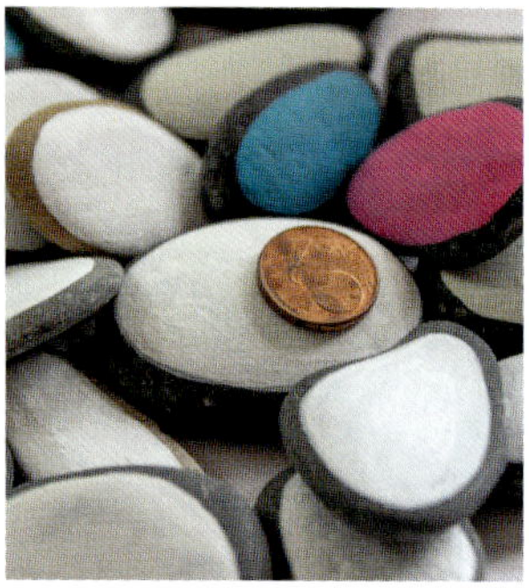

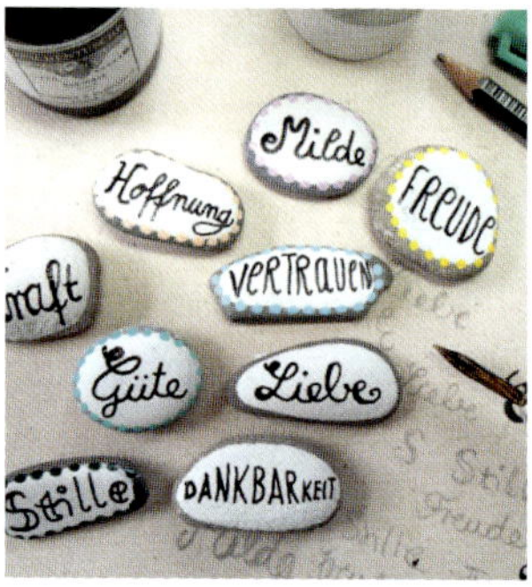

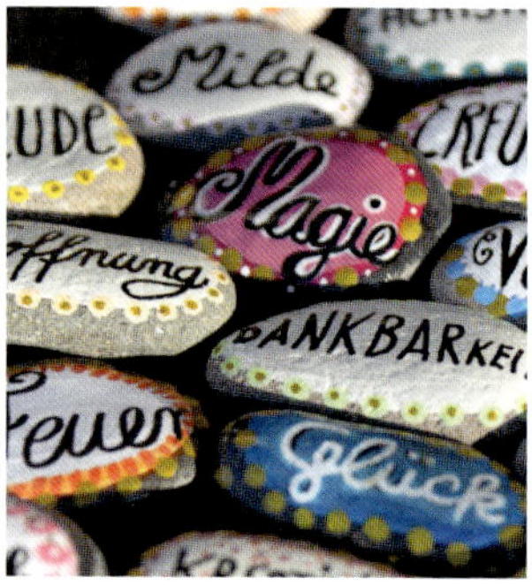

1 Mehrere ovale, möglichst flache Steine in Weiß, Beige oder bunten Lieblingsfarben grundieren. Trocknen lassen und zwei- bis dreimal wiederholen, bis die Farbe deckend ist. Dabei immer nur dünne Schichten auftragen, damit keine Farbnasen entstehen – denn darauf lässt es sich schlecht zeichnen. Verschiedene Schriften und Wörter auf Papier skizzieren, wie sie auf deine Steine passen.

2 Zum Schreiben eignen sich feine Acrylmarker, wasserfeste Fineliner oder normale schwarze Zeichentusche mit Feder. Die hier verwendete Glasfeder hat den Vorteil, dass sie sich nicht spreizen kann und man dadurch auch fest aufdrücken kann, ohne Tuschespritzer zu riskieren. Für weiße Schrift einen feinen Acrylmarker nehmen.

3 Die Ränder mit Punkten und Linien in bunten Farben verzieren. Steine am besten über Nacht trocknen lassen und dann lackieren. Bei Finelinern für die erste Lackschicht möglichst nur einmal mit weichem Pinsel über die Schrift streichen, denn auf der Grundierung sind sie nicht so wasserfest wie auf blankem Stein. Mehrfach hin und her zu pinseln würde sie verschmieren. Bei der zweiten Lackschicht kann nichts mehr passieren.

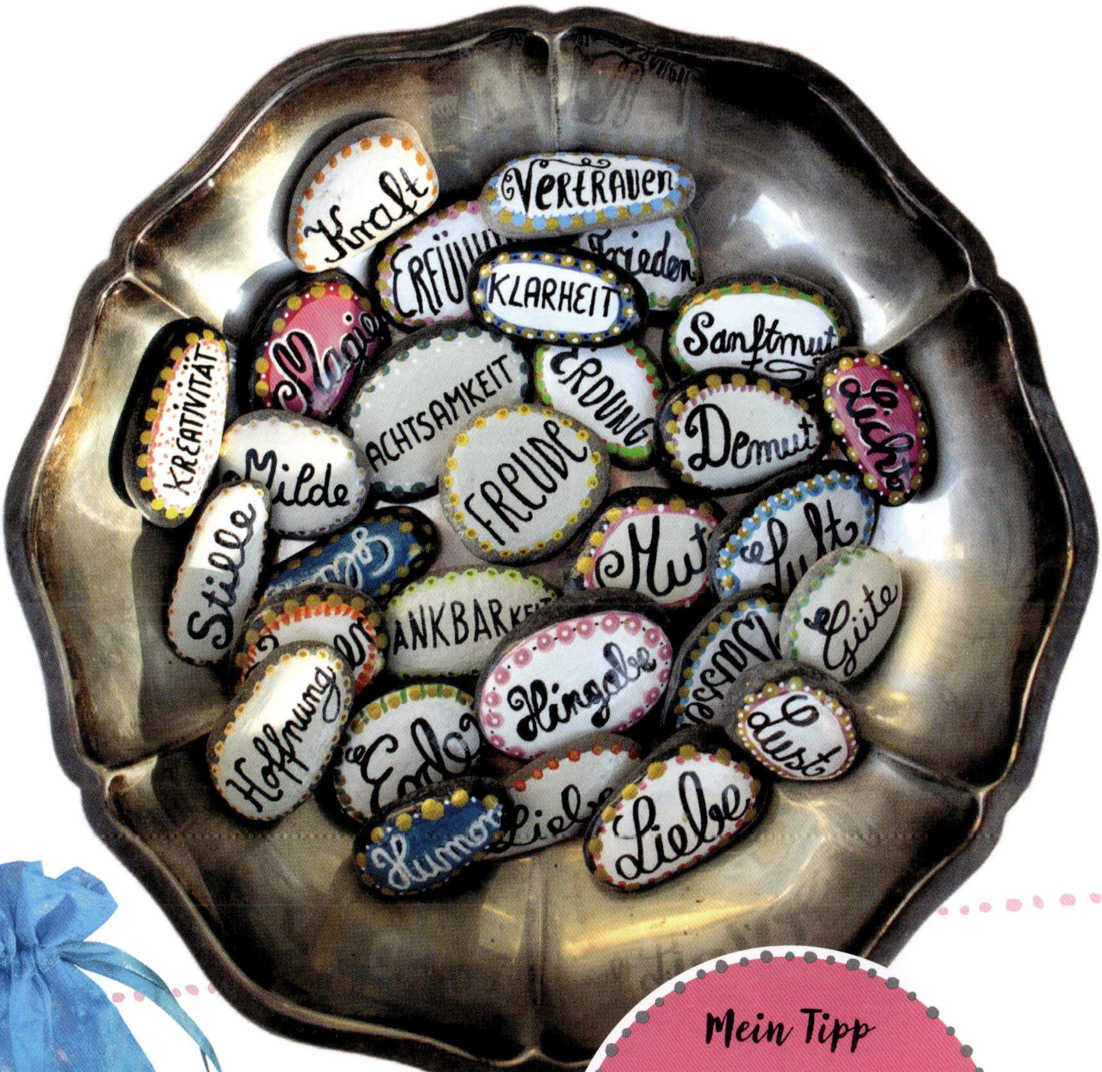

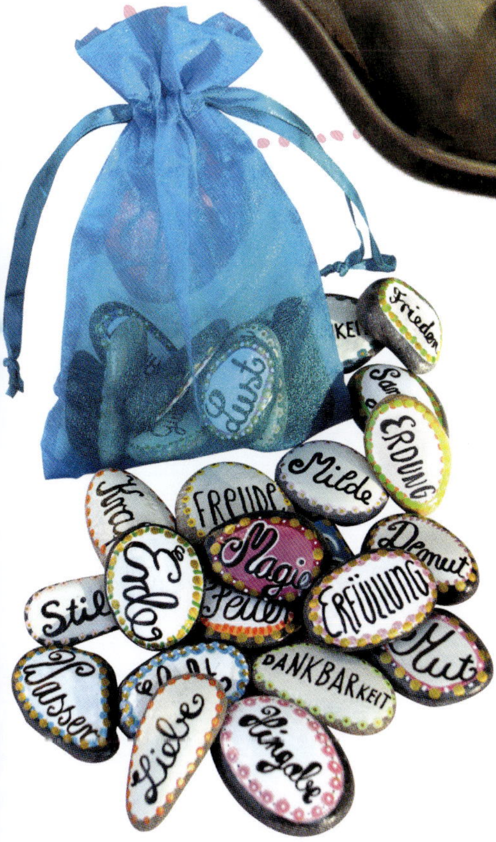

Mein Tipp

Silberne oder goldene Schalen oder Tabletts bringen deine Steine besonders schön zur Geltung. Auf Flohmärkten oder in Omas Keller sind sie oft zu finden!

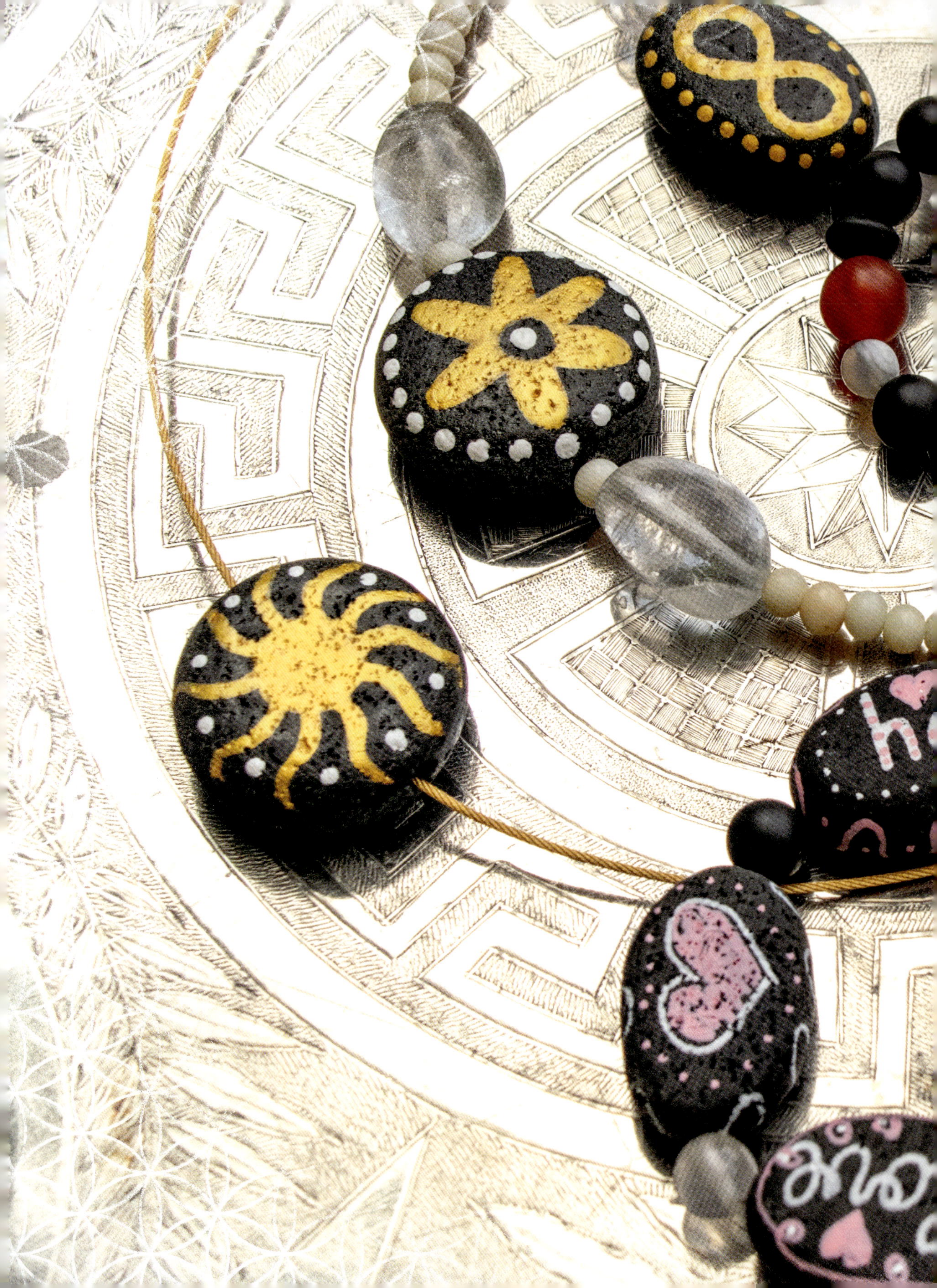

GESCHENKE

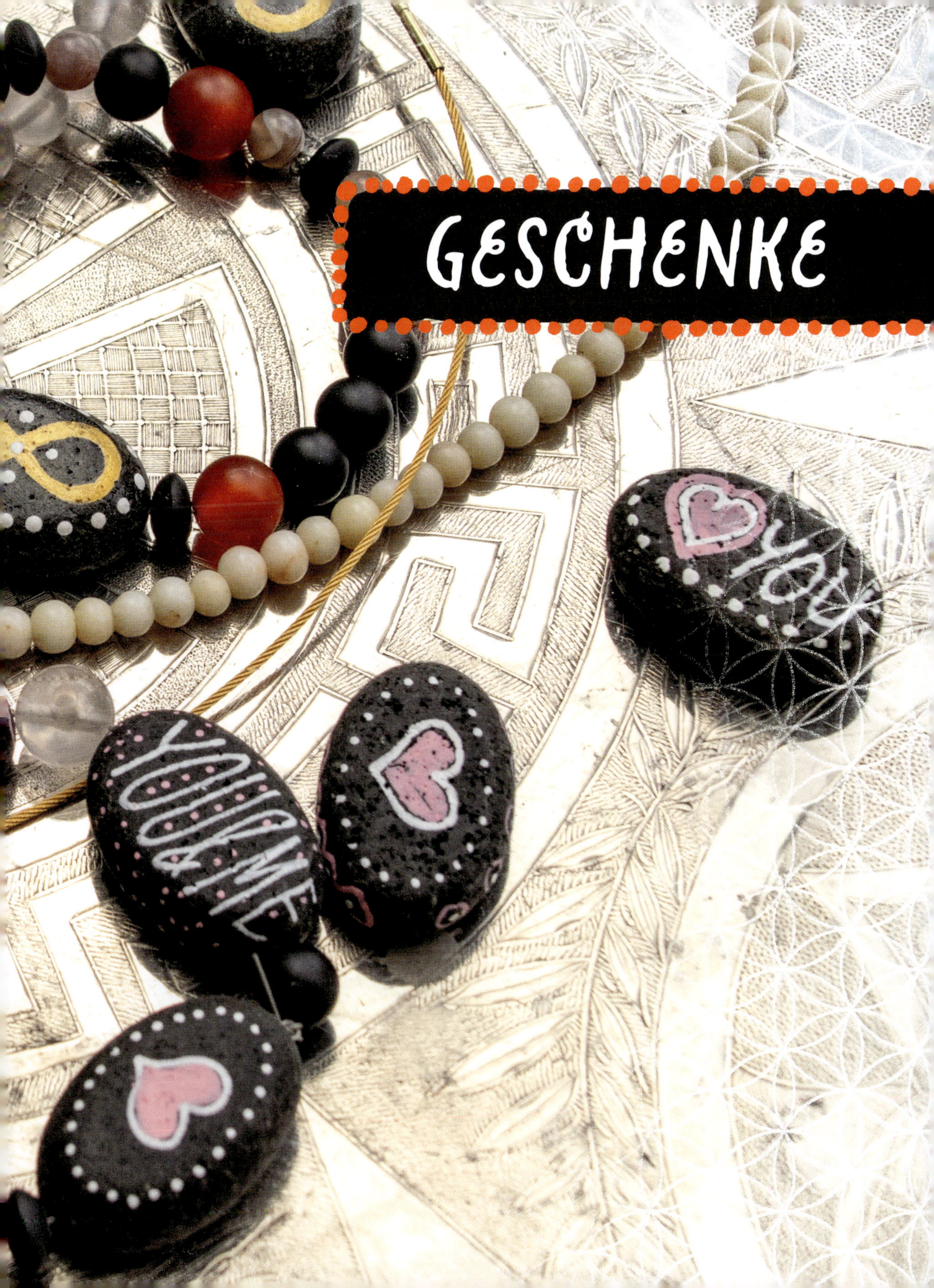

FREUNDSCHAFT & LIEBE

Bemalte Steine sind ein schönes Geschenk – mit ihnen lassen sich aber auch hübsche Freundschaftsbänder oder edle Ketten gestalten. Hast du in einer Kruschtschublade Perlen, die du schon lange auffädeln wolltest? Die kannst du nun mit einem bemalten Stein zu einem neuen Schmuckstück verarbeiten. Es müssen nicht immer Herzchen sein – ewige Liebe lässt sich auch mit der liegenden Acht ausdrücken, dem Symbol der Unendlichkeit. Freundschaftsbänder tragen auch Männer, aber das Armband mit rosa Herzchen ist eindeutig ein Geschenk für beste Freundinnen.

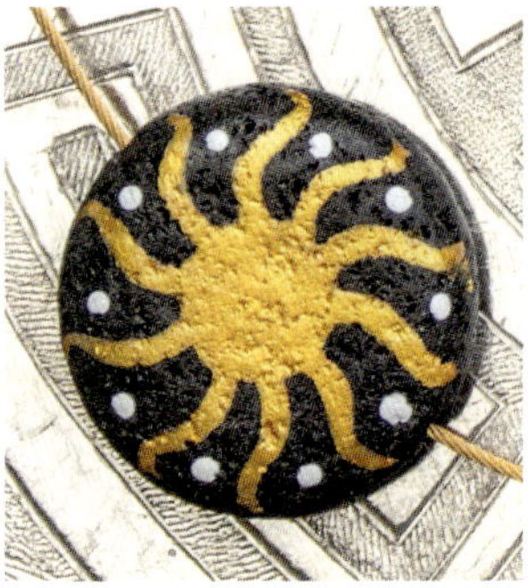

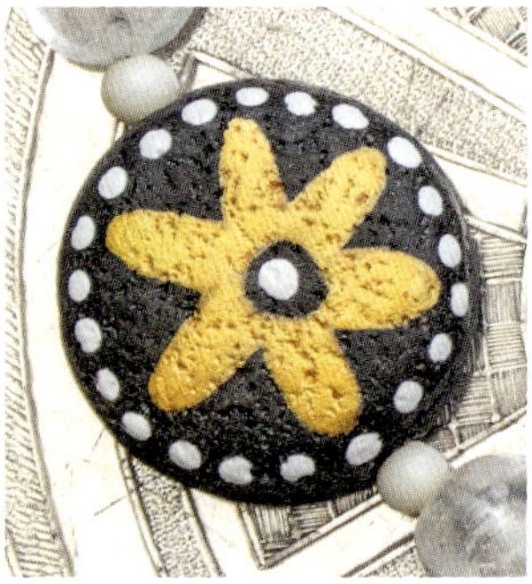

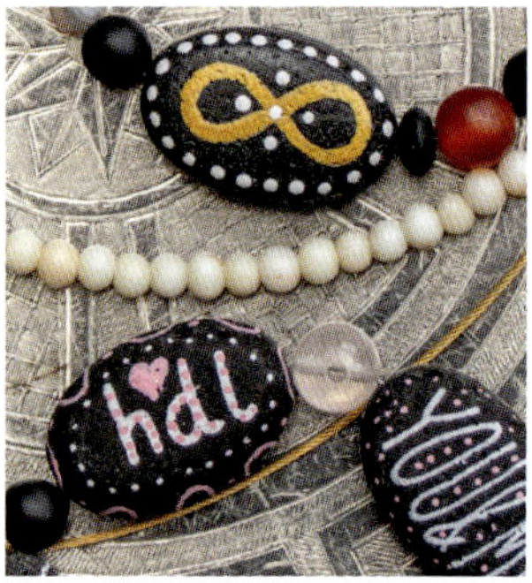

1 Die Steine brauchen natürlich ein Loch, damit du sie auffädeln kannst. Man kann fertig gebohrte Steine kaufen oder Steine bei einem Goldschmied bohren lassen. Die Löcher selbst zu bohren – davon rate ich ab, außer du hast wirklich das richtige Werkzeug und Geschick. Für einen Reif brauchst du ein dickeres Loch als für einen Schmuckgummi oder einen Draht.

2 Die Blume mit goldener Glasmalfarbe aufmalen und im Ofen fixieren (siehe Seite 64), danach die weißen Punkte mit Acrylfarbe und einem Dotting-Tool setzen. Die Oberseite des Steins lackieren, das vertieft das Schwarz der Lava.

3 Hast du alte Ketten zu Hause, die du nie mehr anziehst? Trenn sie auf und reih sie mit dem bemalten Stein neu auf. Armbänder fädelst du am besten mit einem Schmuckgummi auf. Für Ketten kannst du ebenfalls Gummi verwenden, edler sieht aber Draht oder ein dünner Reif aus.

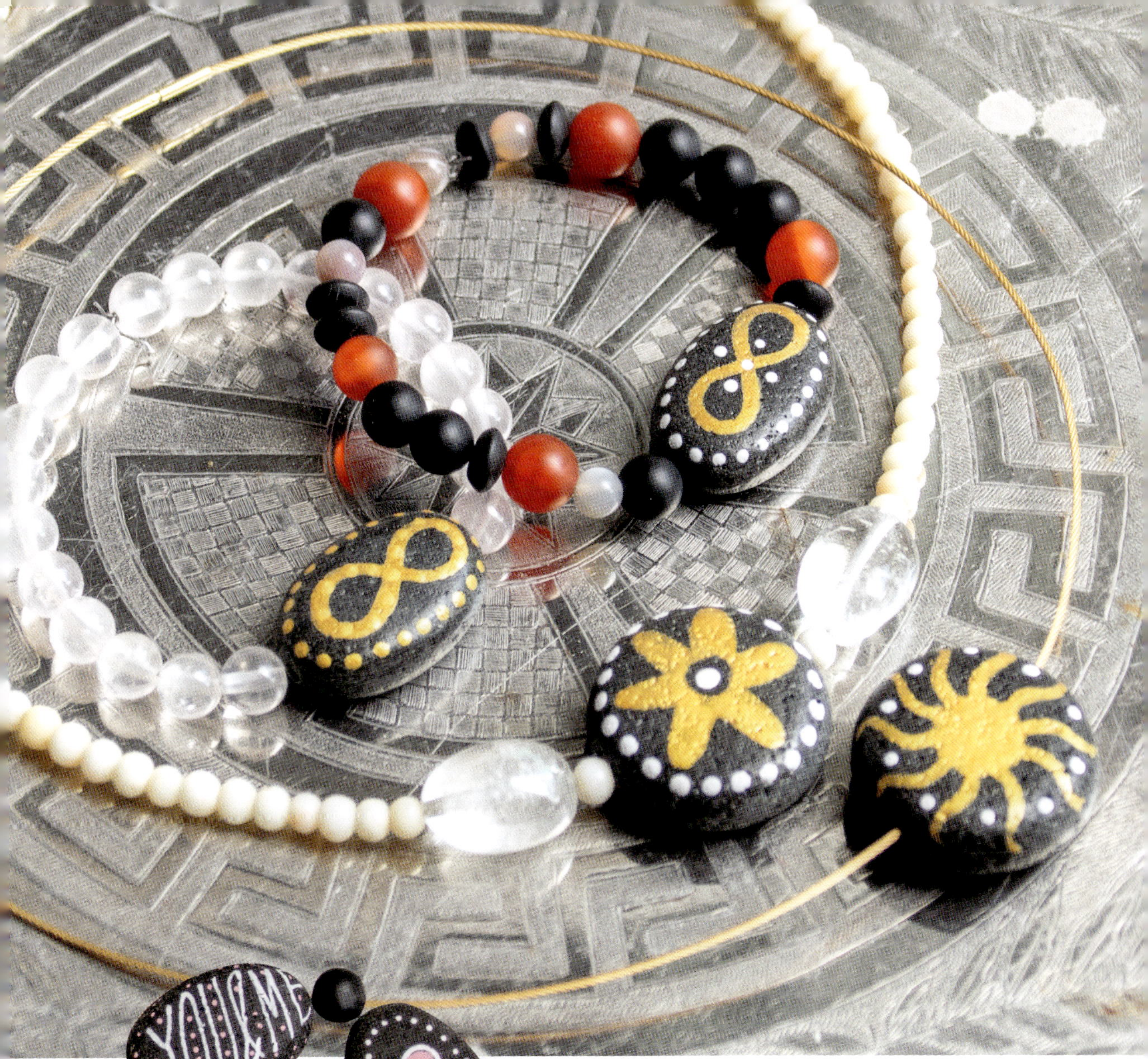

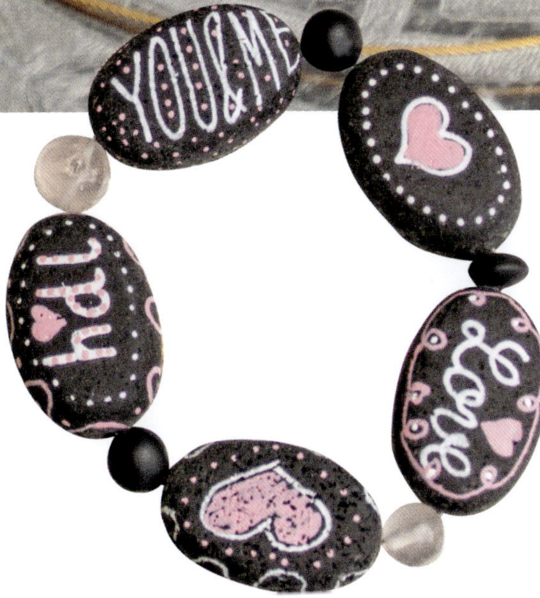

Die Steine für dieses Freundschaftsband sind mit wasserfesten Acrylmarkern gestaltet. Bemale die Steine beidseitig, dann ist es egal, wenn sie sich beim Tragen verdrehen – sie haben nur schöne Seiten.

SCHLAFSTEINE UND MAGNETE

Steine können mehr als nur herumliegen – sie können beim Einschlafen helfen oder den Kühlschrank bewachen!

Wenn Kinder immer brav einschlafen würden, bräuchten übermüdete Eltern keine gut gemeinten Tipps, wie sie den Nachwuchs zum Schlafen bringen, aber die Nachfrage nach Ratschlägen ist groß. Vielleicht funktioniert es mit den Schlafsteinen? Wenn der Lieblingsstein die Augen zumacht, soll das Lieblingskind auch schlafen – klingt doch ganz einfach. Wie geht das? Male den Steinen eine Rückseite! Auf der einen Seite ist der Stein wach, wenn du ihn umdrehst, schläft er. Augen zu und Ruh! Jeden Stein, der mindestens ein Auge hat, kannst du zum Schlafstein machen, indem du auf der Rückseite das Motiv wiederholst – und das Auge schließt. Gute Nacht!

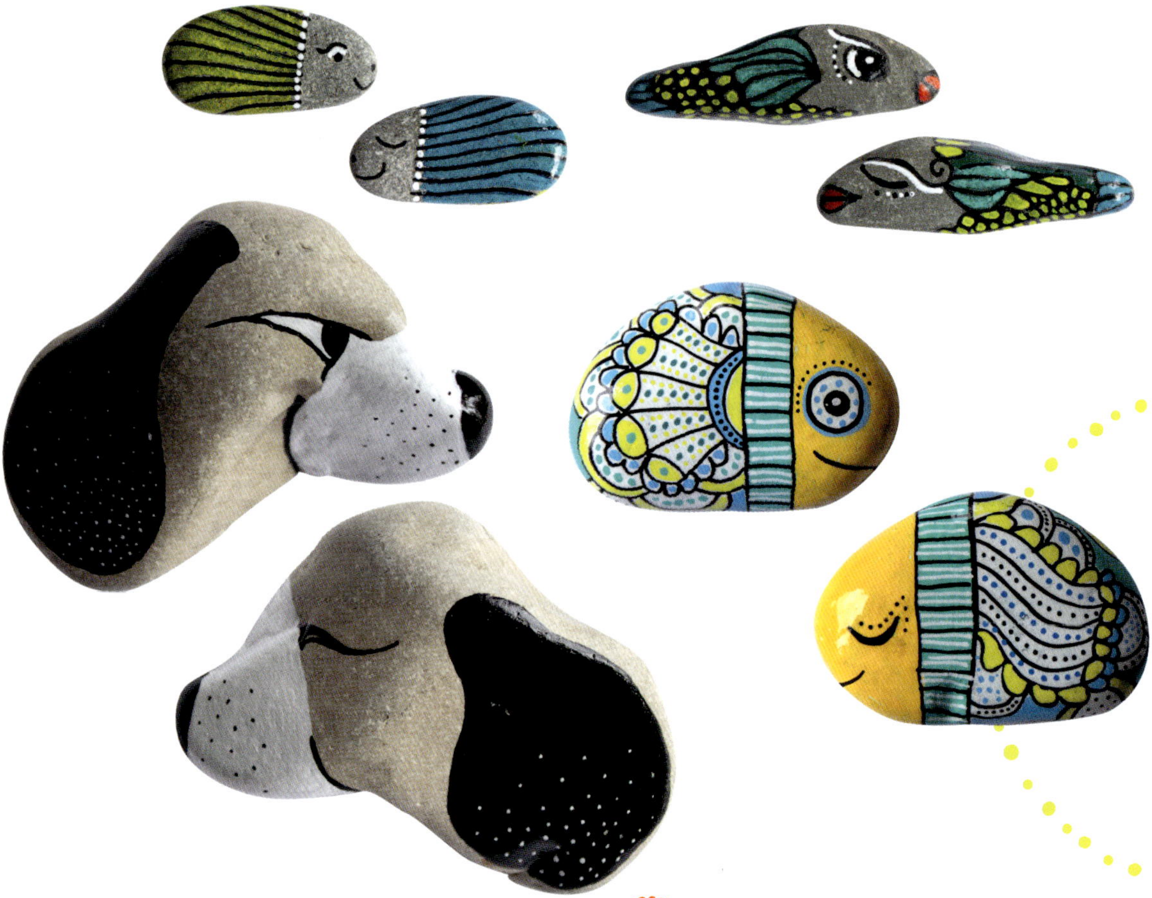

Erinnerst du dich an die Monster von Seite 20? Die kleinen Monster eignen sich super als Kühlschrankmagnete. Einfach einen Scheibenmagnet auf die Rückseite kleben – fertig. Natürlich kannst du auch viele andere Motive für den Kühlschrank wählen, aber lustig sollten sie auf jeden Fall sein.

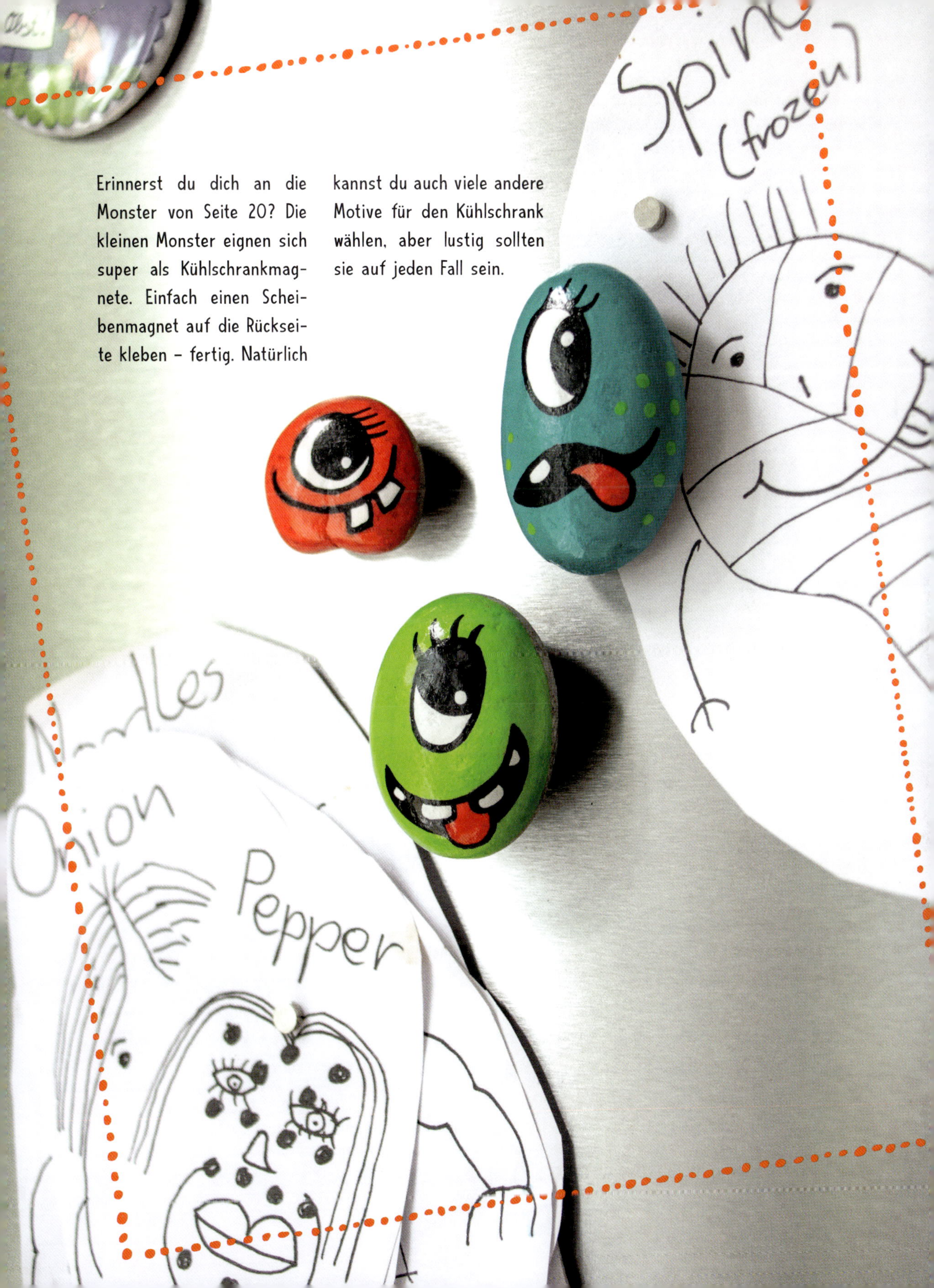

NETTE BOTSCHAFTEN

Sprüche und Zitate begleiten uns auf Schritt und Tritt. Dein Kaffeebecher wünscht dir einen guten Morgen und dein Frühstücksbrettchen guten Appetit. Positive Botschaften motivieren uns, Handlettering liegt voll im Trend. Ich bewundere die Schriftspezialisten, die perfekte Schwünge zeichnen und wunderschöne Letterings anfertigen. Auch auf Steine kannst du nette Botschaften schreiben und diese verzieren.

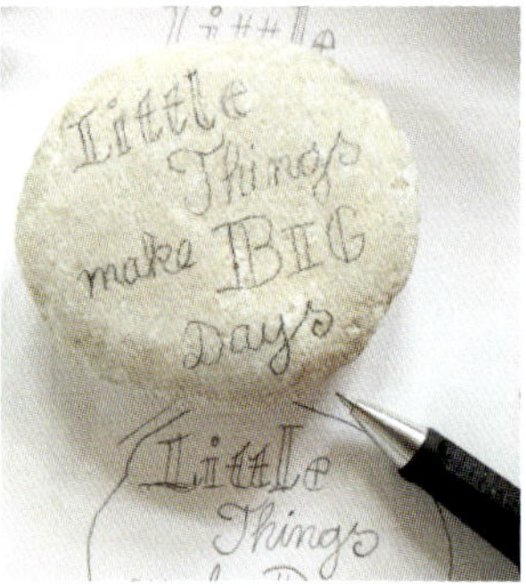

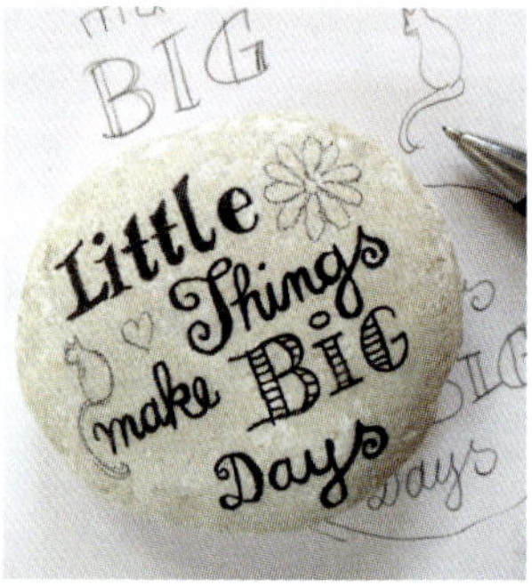

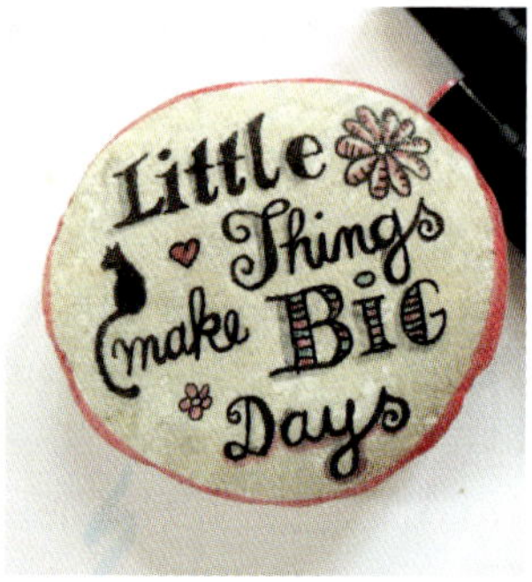

1 Wähle einen Spruch, den du gerne magst, und skizziere ihn in Originalgröße. Umfahre dafür einen hellen Stein auf einem Papier mit Bleistift und skizziere in diesen Kreis den Text. Mische Schriften, die dir gefallen, Anregungen dazu findest du nicht nur in Handlettering-Büchern, sondern auch auf vielen Produkten oder Postkarten. Vielleicht hängt dein Lieblingsspruch an deinem Kühlschrank und du musst ihn nur abzeichnen?

2 Skizziere die Schrift mit Bleistift auf den Stein und zeichne sie mit einem wasserfesten Fineliner nach. Möchtest du noch dekorative Elemente hinzufügen? Skizziere sie mit Bleistift dazu und zeichne sie mit dem Fineliner nach. Ich habe die »PITT-Artist-Pens« verwendet. Lass die Zeichnung gut trocknen und entferne dann den Bleistift mit einem Knetgummi, wobei das Schwarz ein wenig an Tiefe verlieren wird.

3 Gib der Schrift mit Hellgrau einen leichten Schatten, dadurch steht sie plastischer auf dem Stein. Füge sparsam Farbe hinzu, wie hier das Pink und Hellgrün, lass die Farben gut trocknen und zeichne die schwarzen Linien noch mal nach, wo sie zu dünn oder zu blass sind. Gut trocknen lassen und lackieren, fertig.

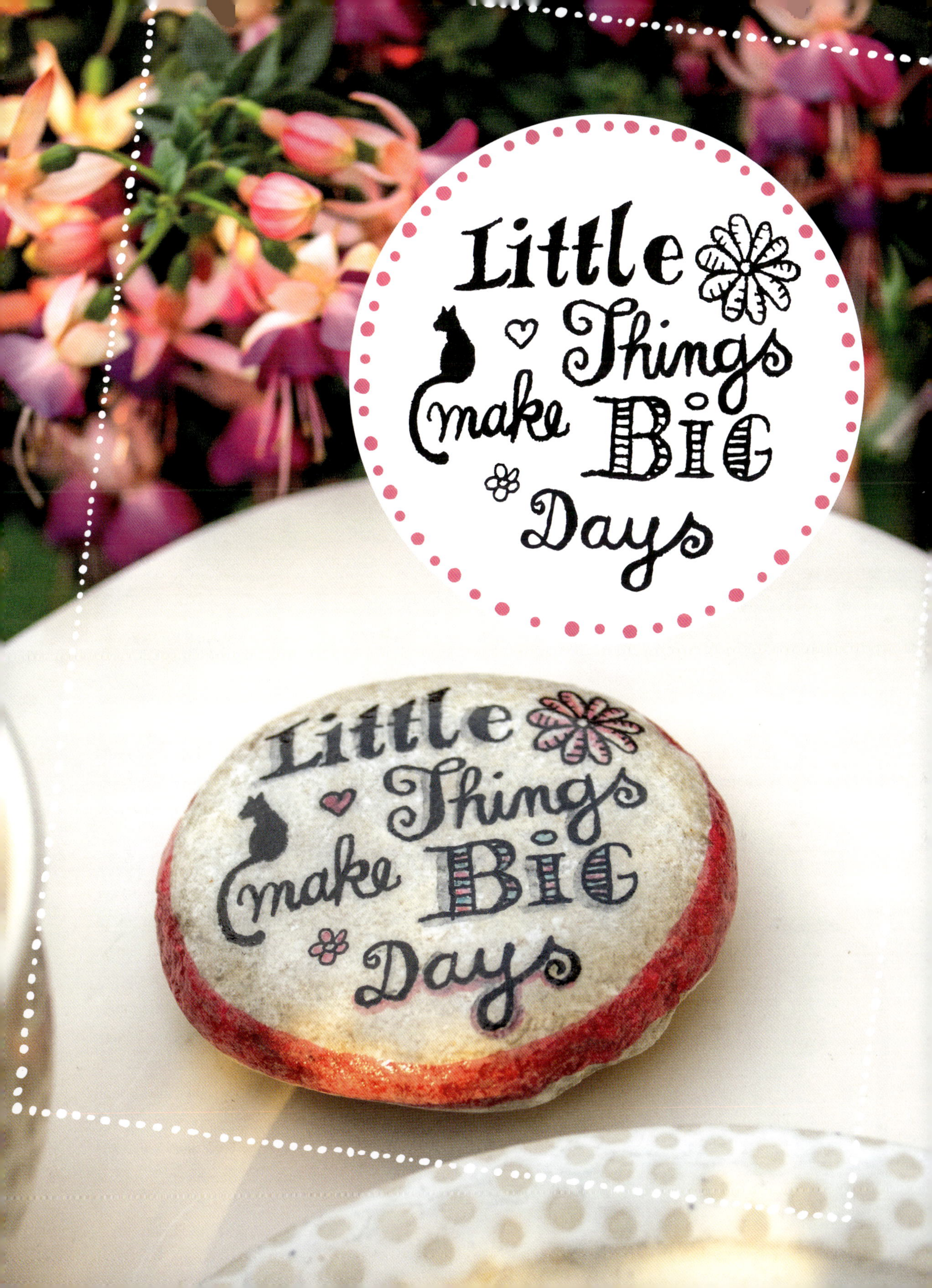
Little Things make BIG Days
Little Things make BIG Days

LILY & LEO

Katzen gehen immer, die meisten Katzenliebhaber freuen sich über alles, was mit Katzen zu tun hat. Lily und Leo sind zwei Katzen, die du bei vielen Gelegenheiten verschenken kannst. Ich habe sie für eine Porzellanserie entworfen, aber auf Stein fühlen sie sich auch wohl. Ob *Danke*, *Love you* oder *Chillma'*, sie sind alle leicht nachzumalen – auch die Wutkatze, die auf jeden Schreibtisch gehört.

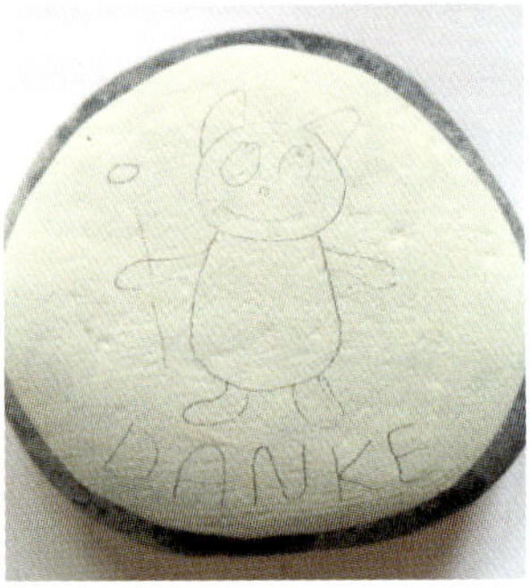

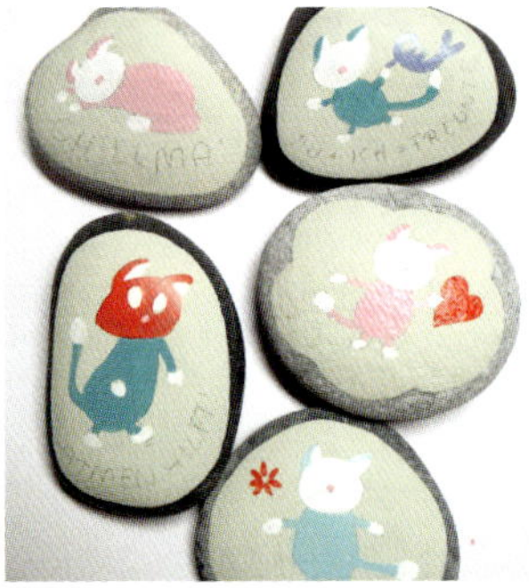

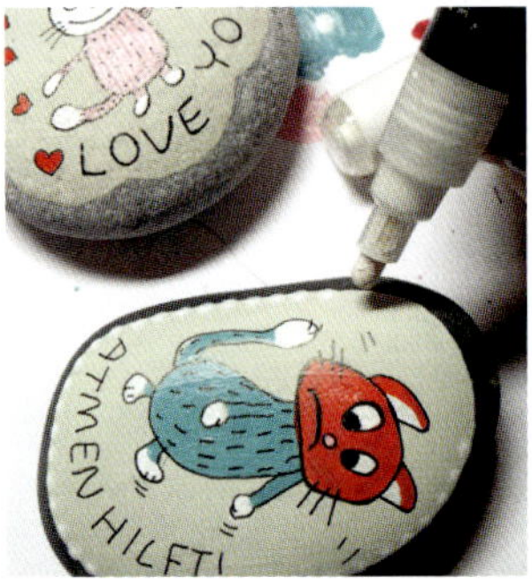

1 Die Grundflächen in Beige anlegen, damit das Weiß der Katzen sich leicht vom Fond abhebt. Ich habe dazu »Chalky-Chic Ingwer« von Marabu verwendet. Mehrere dünne Farbschichten auftragen und trocknen lassen. Zart mit Bleistift vorzeichnen, als Orientierungshilfe für den Farbauftrag.

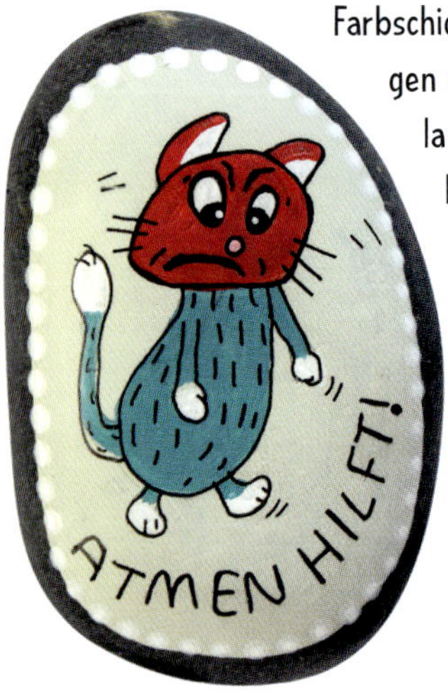

2 Jeweils Kopf, Ohren, Pfoten und Schwanzspitze weiß ausmalen, den Körper, die Ohrenspitzen und Details wie Blume, Fisch oder Herz in deinen Lieblingsfarben anlegen. Ich habe dafür Acrylfarben und Pinsel verwendet. Du kannst die Flächen aber genauso mit einem Marker ausmalen. Trocknen lassen.

3 Die schwarze Zeichnung mit einem wasserfesten Fineliner, einem feinen Pinsel und Acrylfarbe oder Feder und Zeichentusche aufzeichnen. Selbst dünne Acrylmarker sind meist zu fett für diese Motive. Am Ende mit einem weißen, dicken Acrylmarker am Rand entlang weiße Punkte aufsetzen. Am besten über Nacht trocknen lassen, bevor du die Steine lackierst. Mehr zum Thema Lackieren findest du auf Seite 68, Punkt 3.

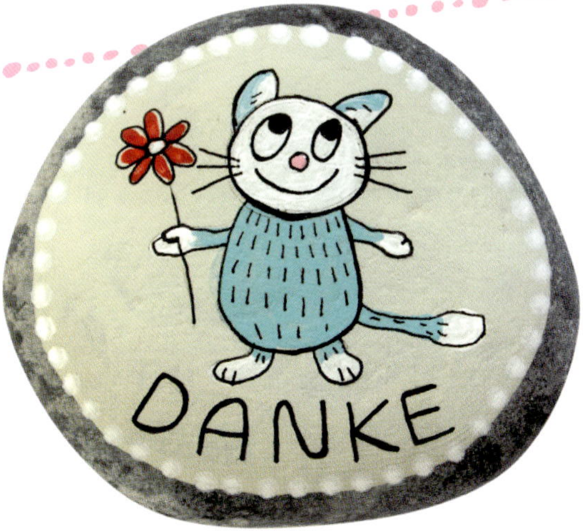

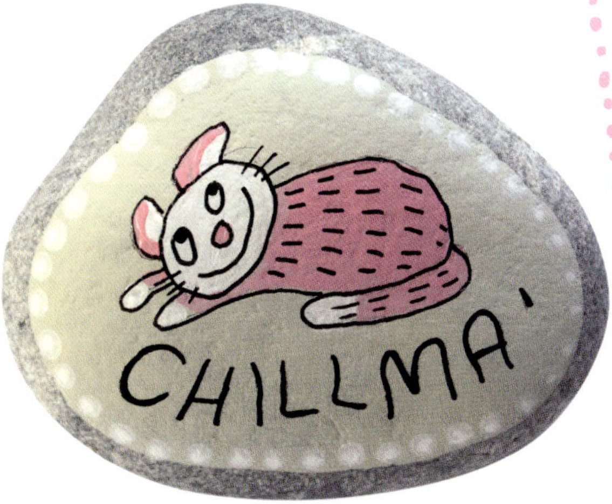

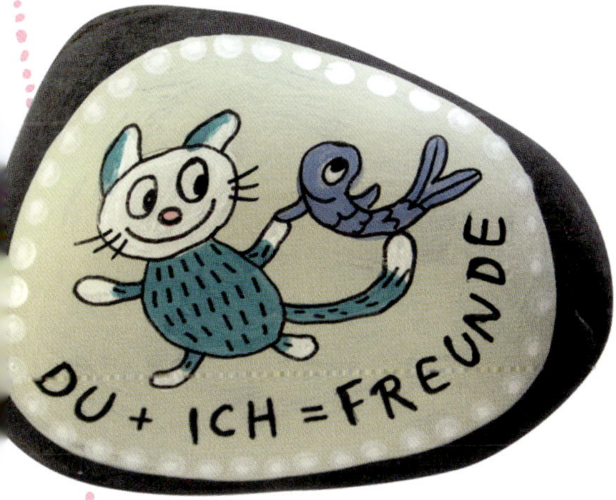

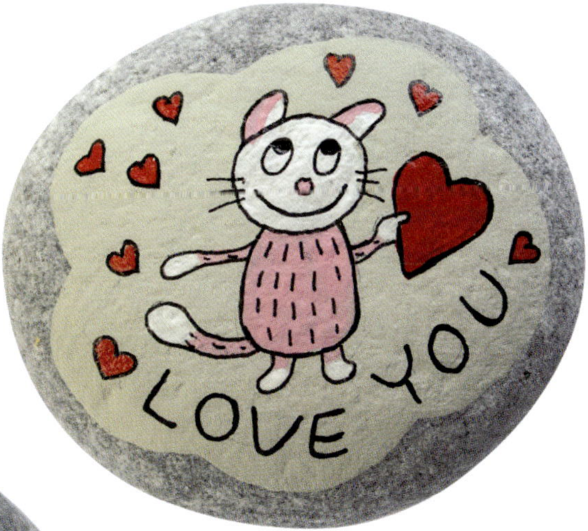

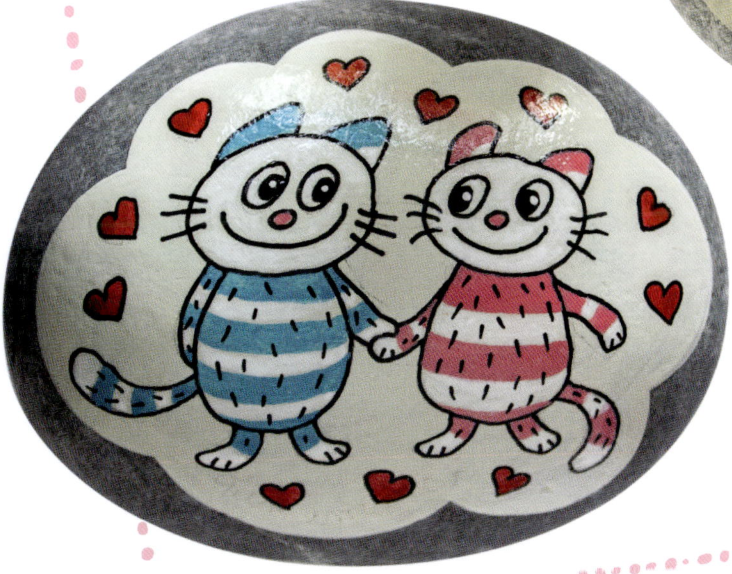

Weitere Lily-&-Leo-Vorlagen findest du auf Seite 88.

TISCHKÄRTCHEN

Wenn du ein festliches Essen unter freiem Himmel planst – mit schön gedecktem Tisch und allem, was dazugehört – dann brauchst du Tischkärtchen, die der Wind nicht wegweht. Tischkärtchen mögen auf den ersten Blick spießig erscheinen, aber sie können deinen Gästen auch peinliche Situationen ersparen. Und wenn sie so nett sind wie diese und am Ende als Souvenir mitgenommen werden dürfen, freut sich jeder darüber.

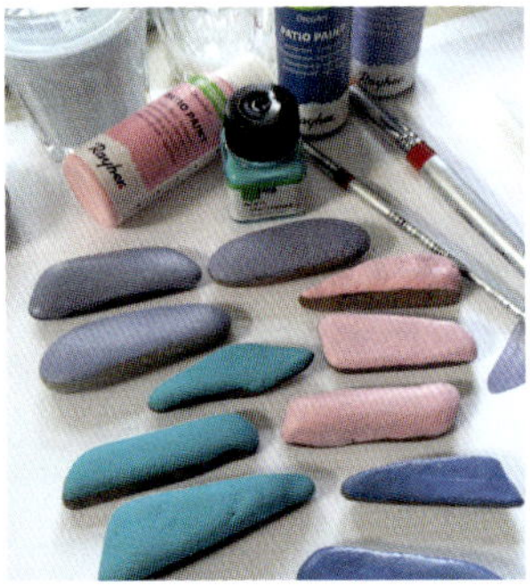

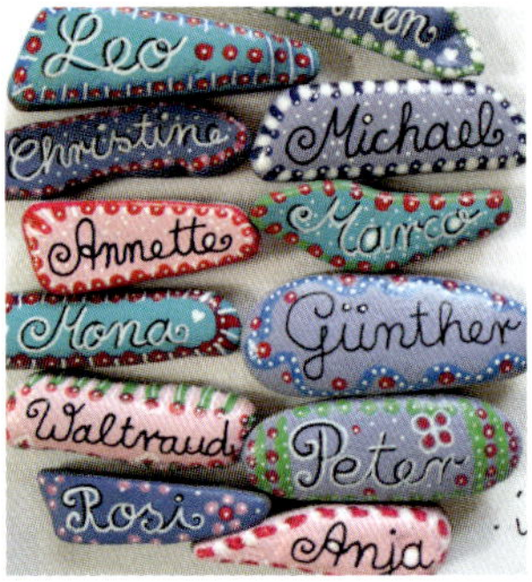

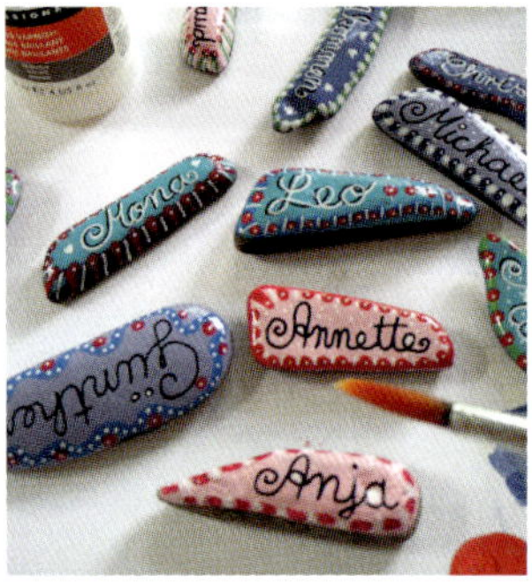

1 Suche lang gezogene, schmale Steine, auf die auch längere Namen passen. Grundiere sie in freundlichen Farben, die harmonisch zueinander passen. Kennst du die Lieblingsfarben deiner Gäste? Dann freuen sie sich, wenn ihr Tischkärtchen in dieser Farbe bemalt ist.

2 Mit einem feinen schwarzen Acrylmarker die Namen auf die Steine schreiben. Bei dunkleren Grundfarben die Schrift mit einem weißen Marker nachzeichnen. Dabei ein bisschen versetzt schreiben, dann wirkt die dunkle Schrift darunter wie ein Schatten. Die Ränder der Steine mithilfe von Acrylmarkern mit dicken und dünnen Punkten und Linien verzieren. Denk dabei an den, für den der Stein ist – was könnte ihm oder ihr gefallen?

3 Gut trocknen lassen und lackieren, fertig.

Namenssteine kannst du auch als Mitbringsel malen. Über einen kleinen Stein mit dem eigenen Namen freut sich vermutlich jeder und wird einen Platz dafür finden.

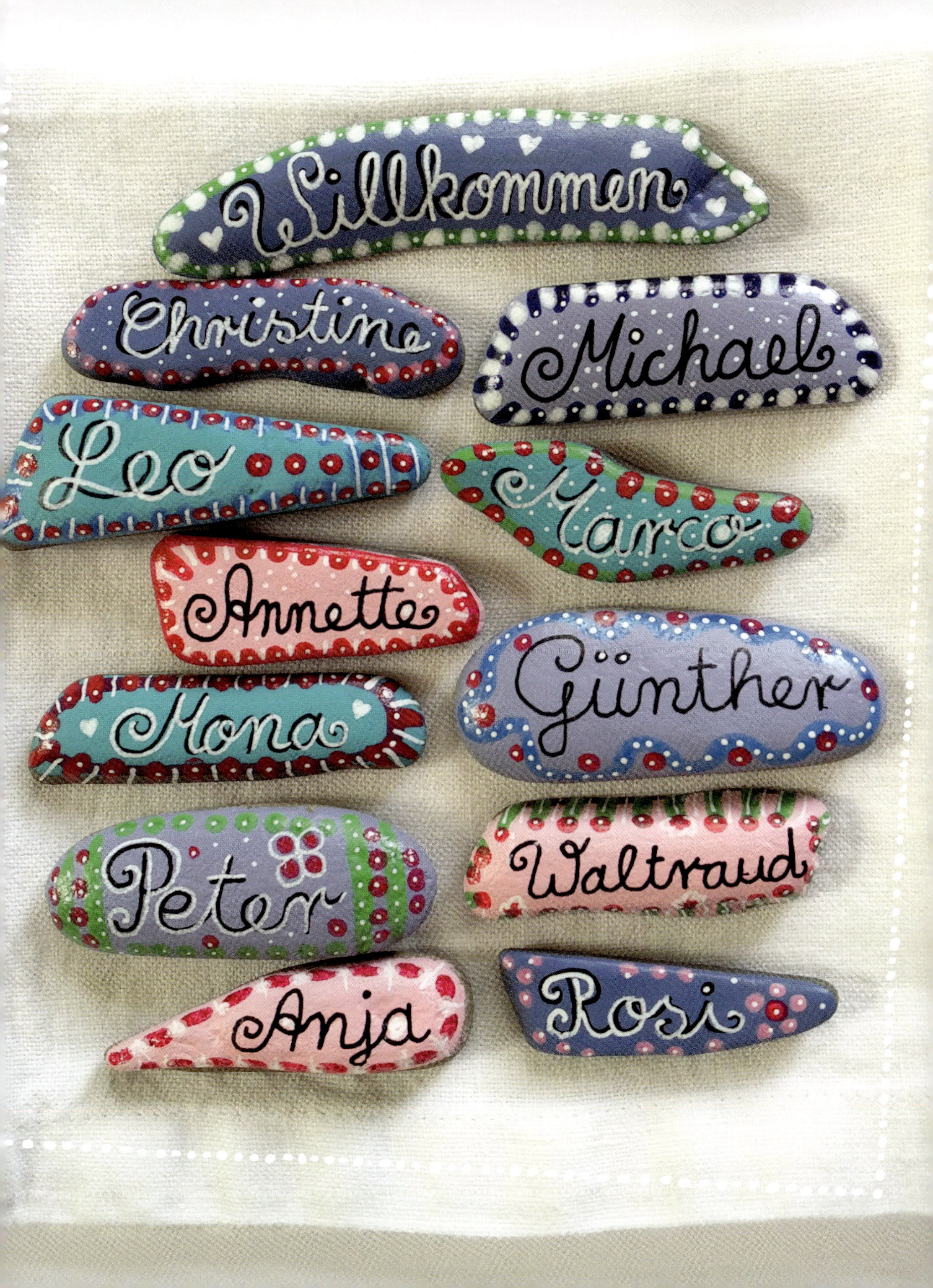
Willkommen
Christine
Michael
Leo
Marco
Annette
Mona
Günther
Peter
Waltraud
Anja
Rosi

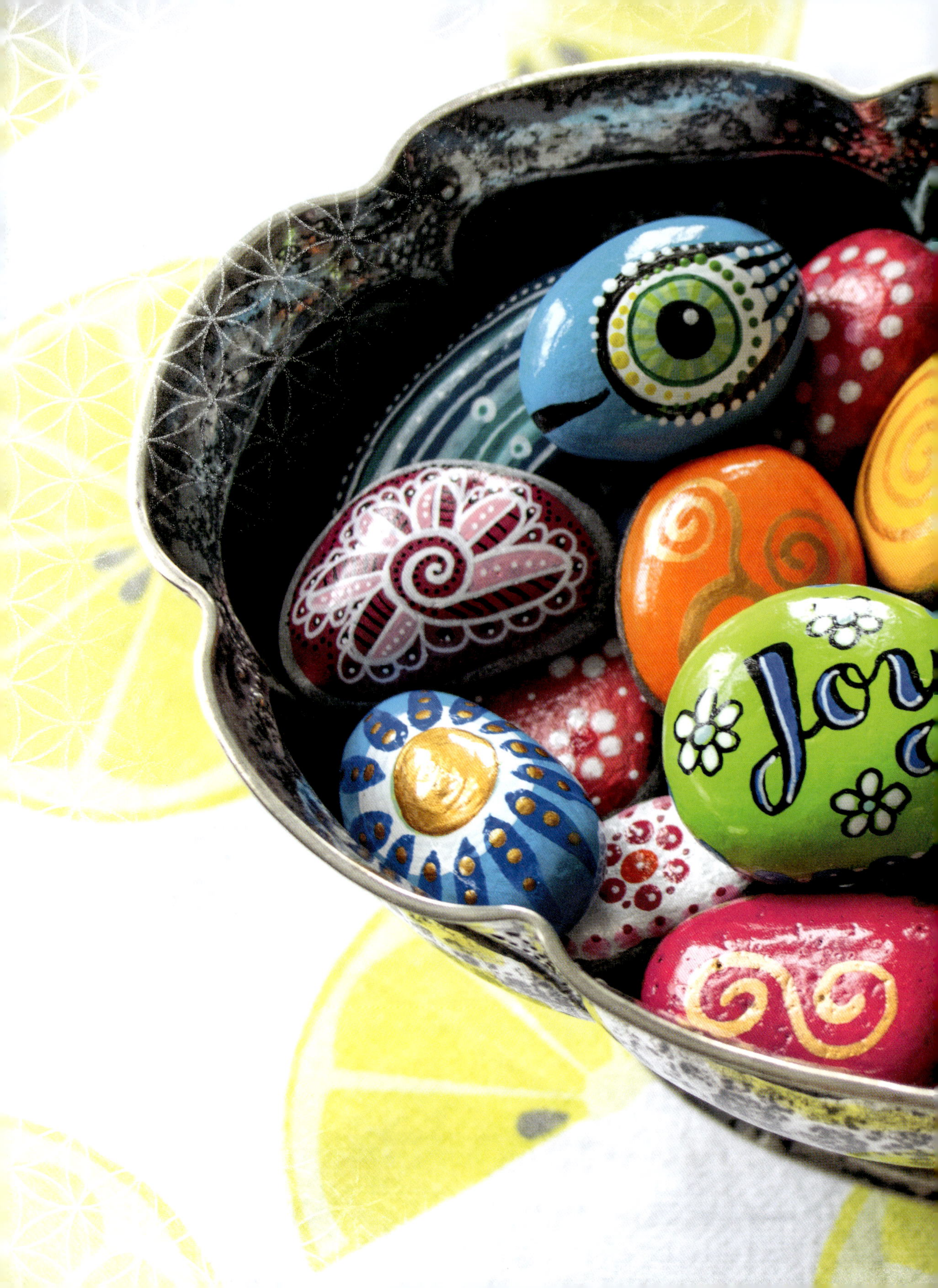

VORLAGEN

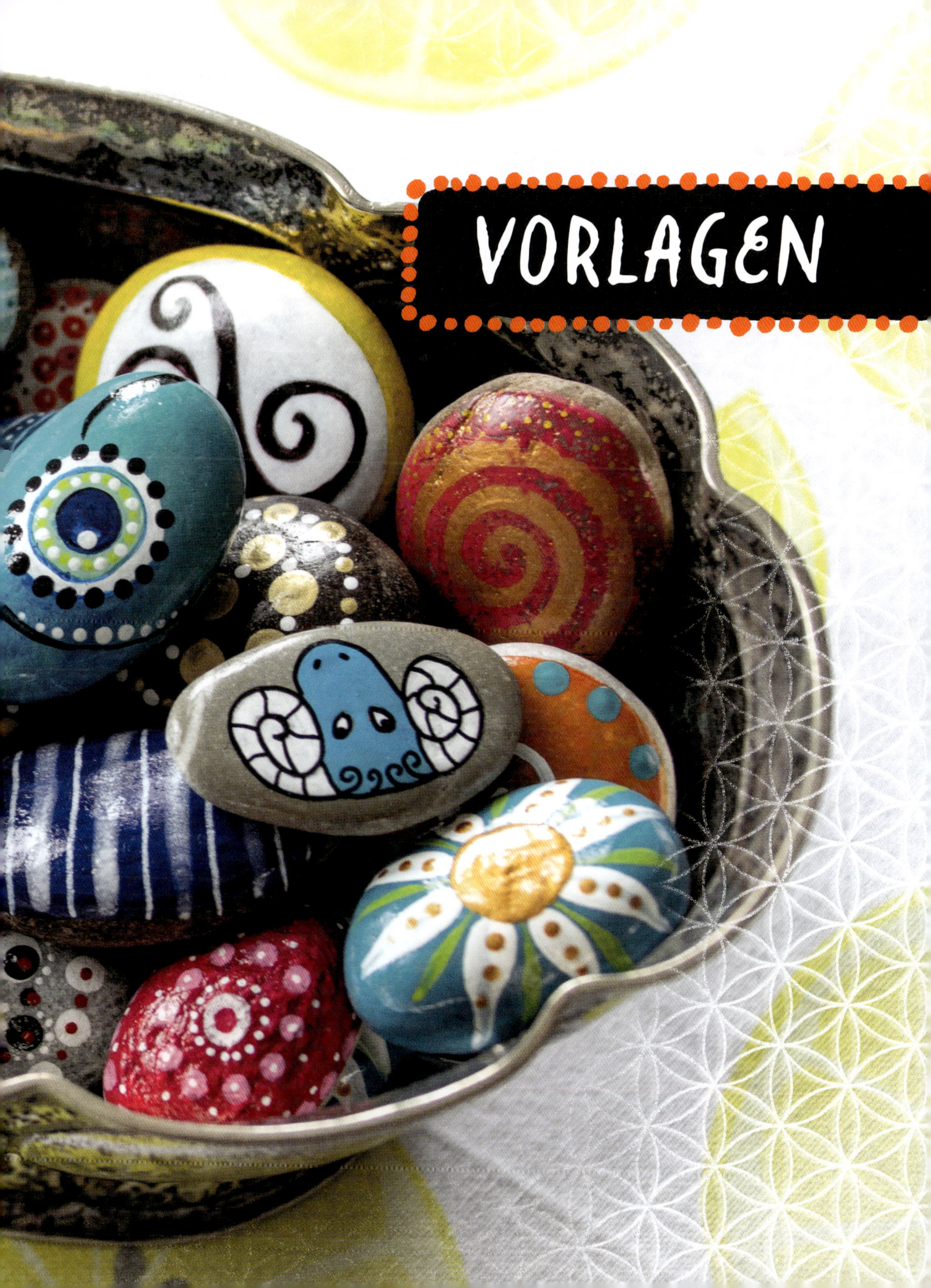

Weitere Katzen

Hier der Rest der Katzenfamilie als Anregung für deine Katzensteine!

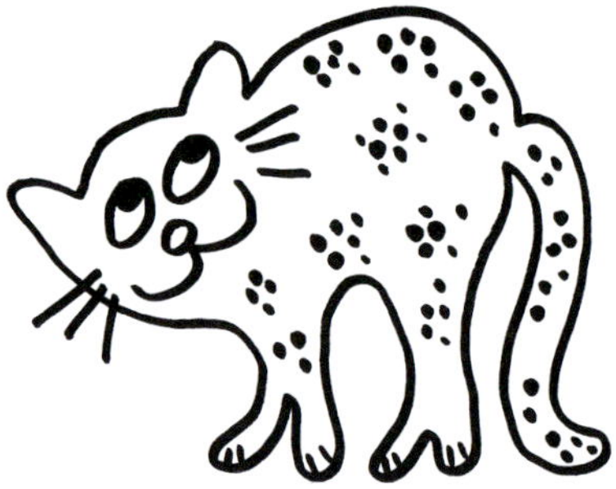

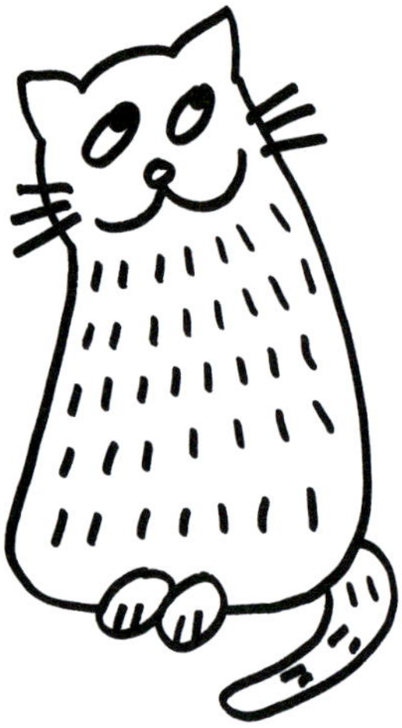

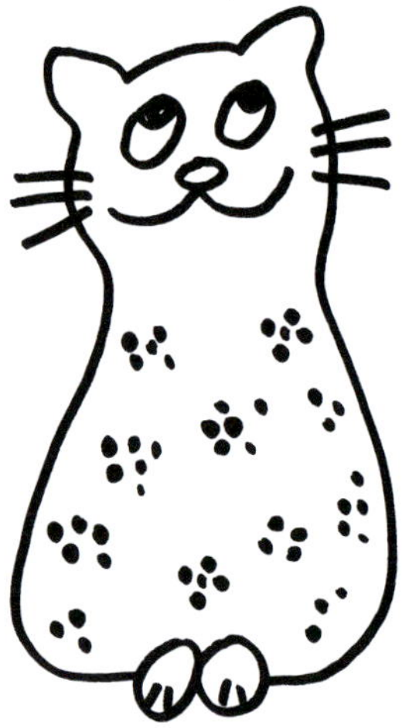

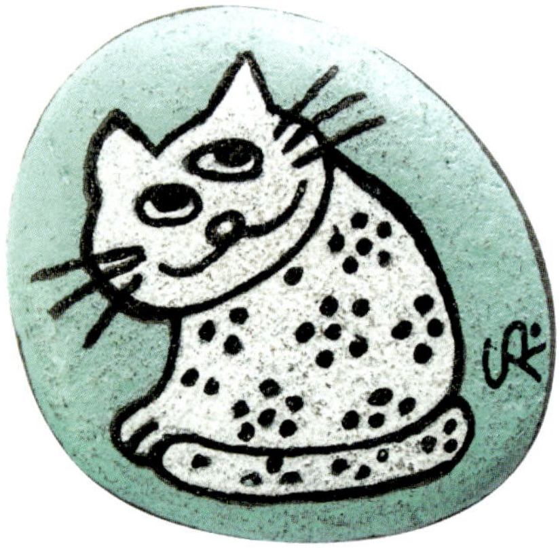

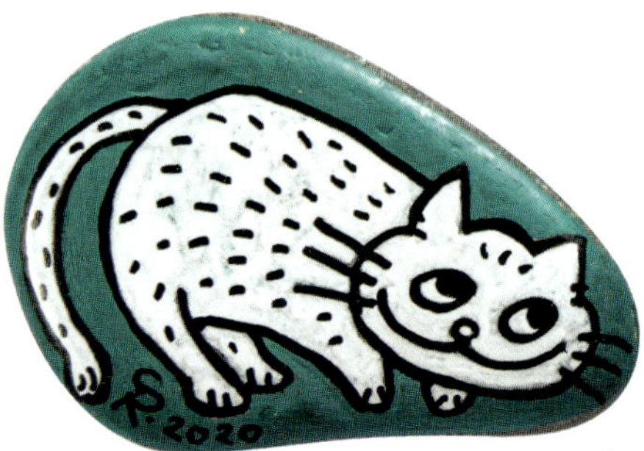

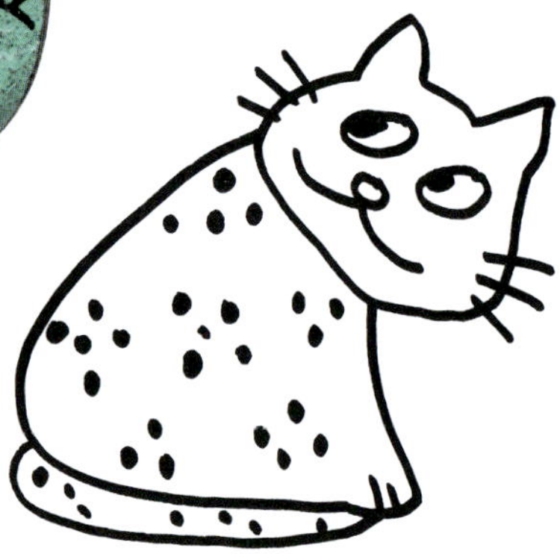

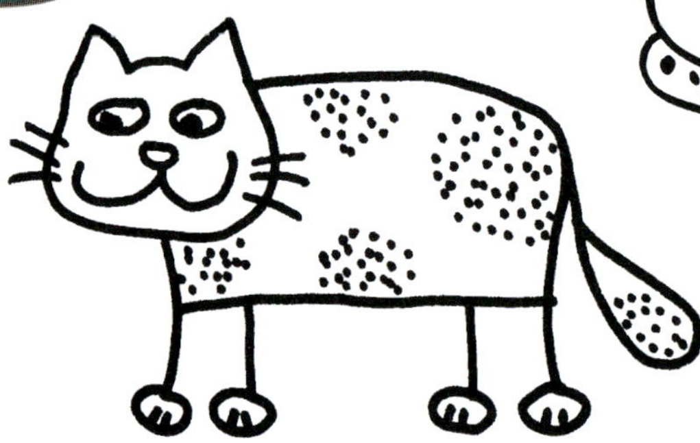

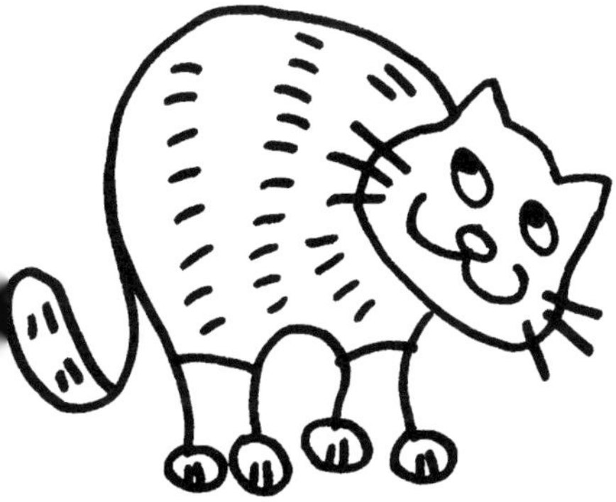

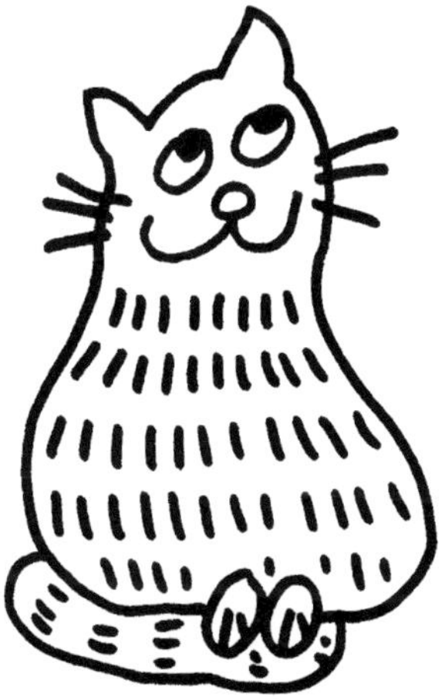

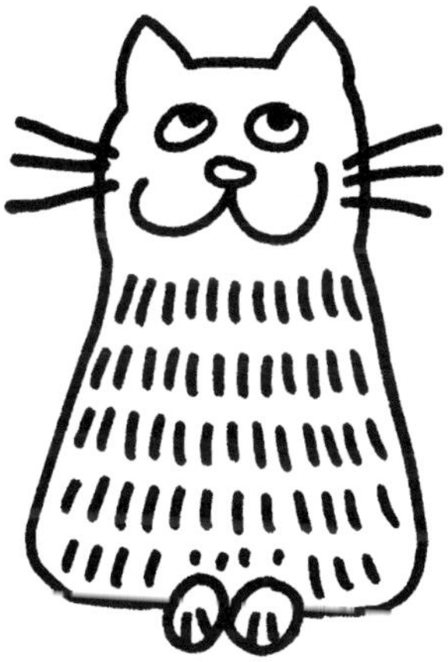

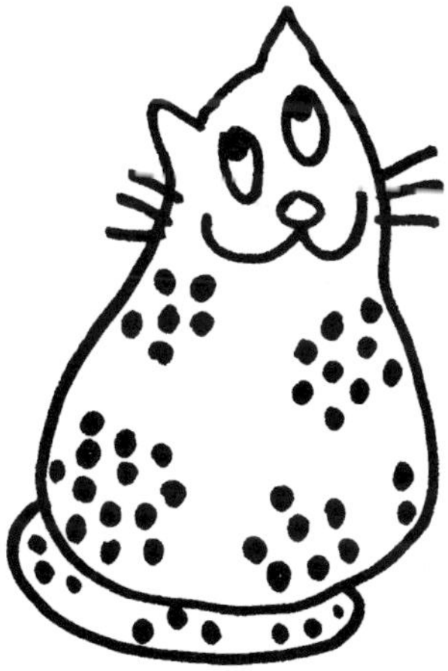

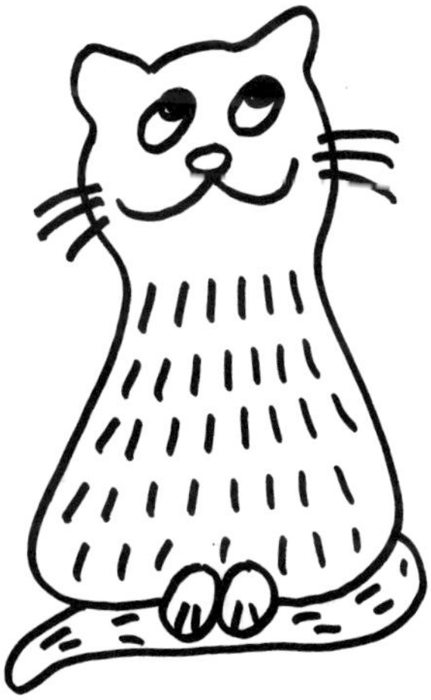

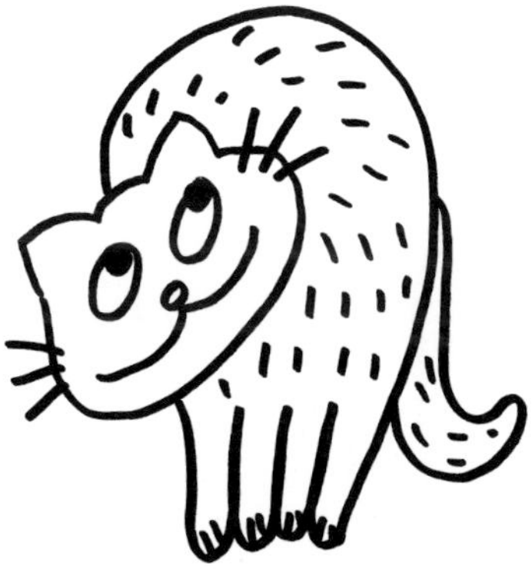

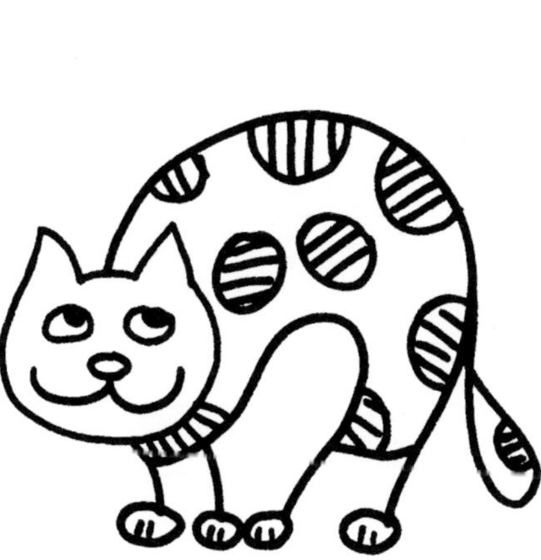

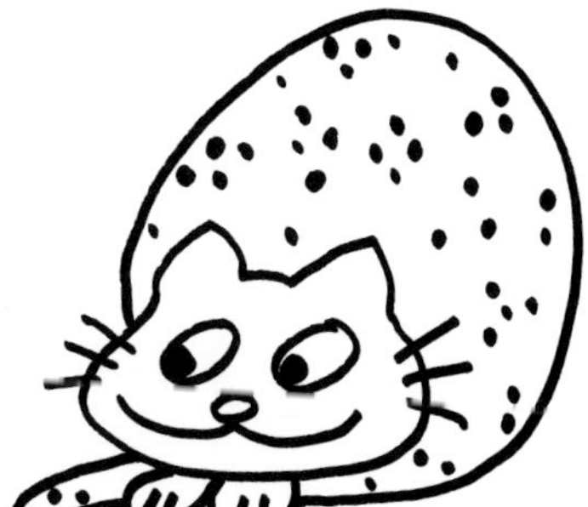

Noch mehr Hunde

Lange Beine, kurze Beine, Schlappohren, Stehohren, glattes Fell, Wuschelhaare, gefleckt oder einfarbig – jeder Hund sieht anders aus!

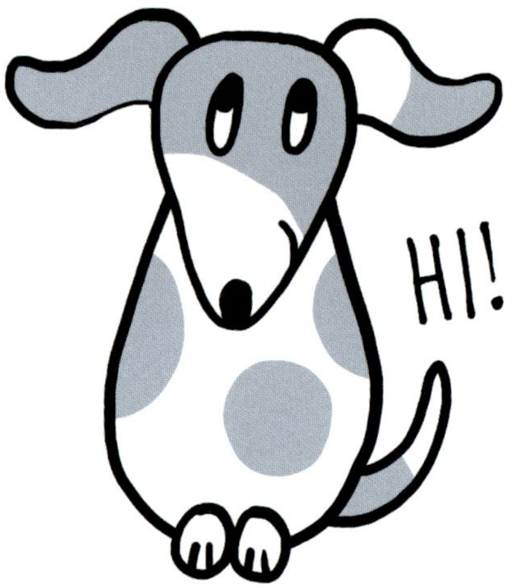

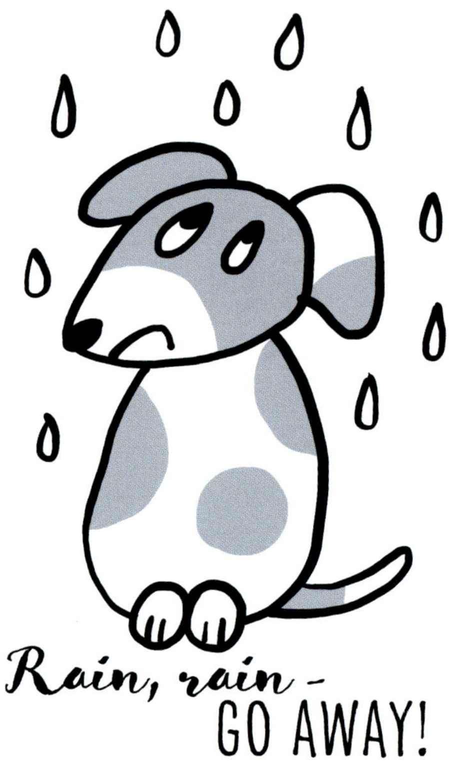

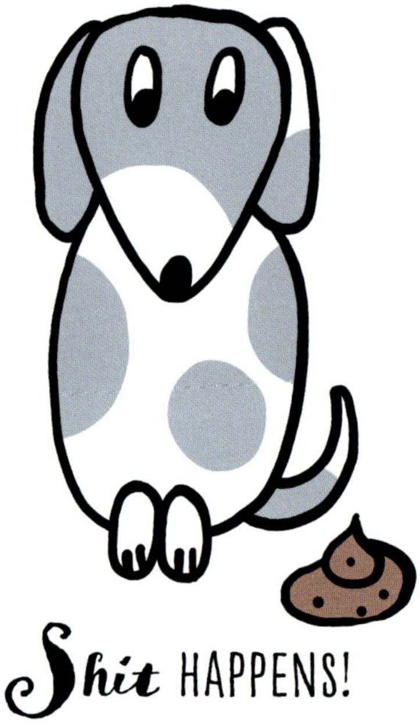

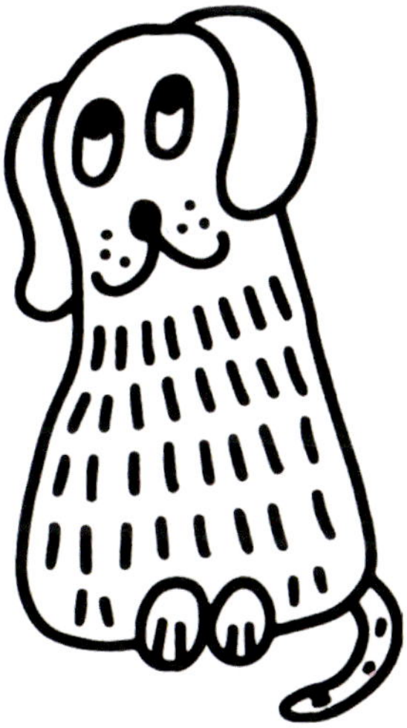

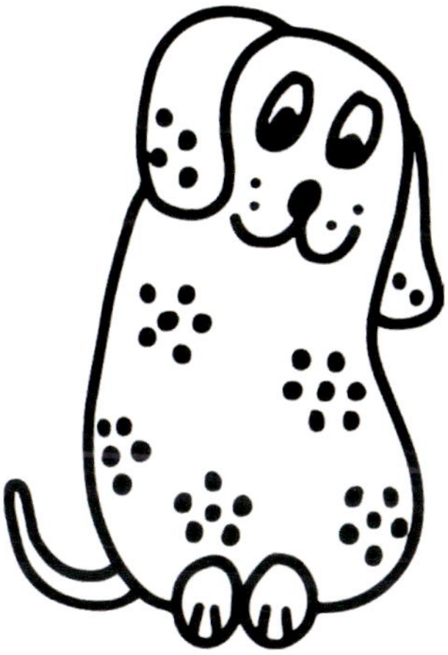

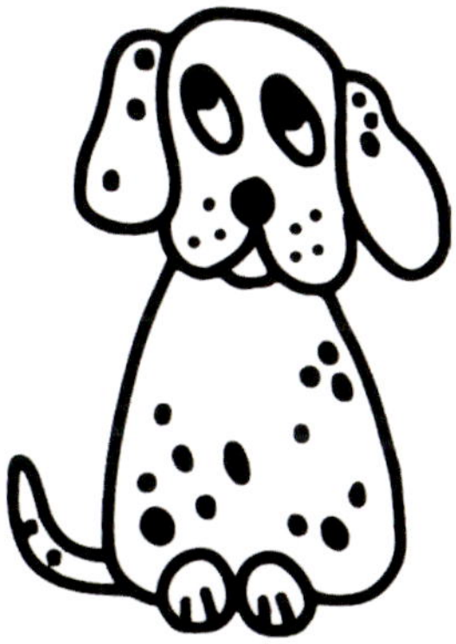

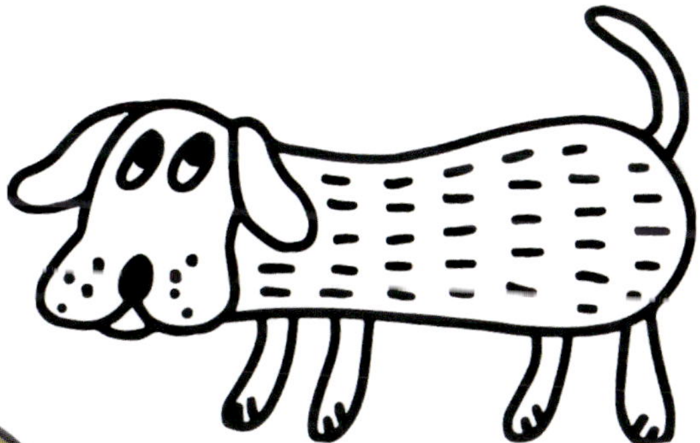

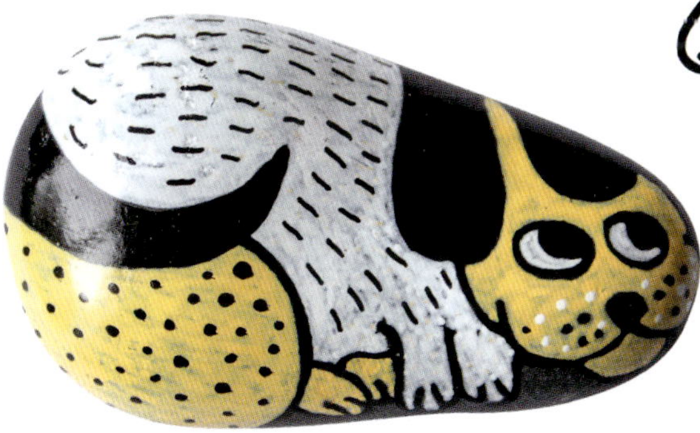

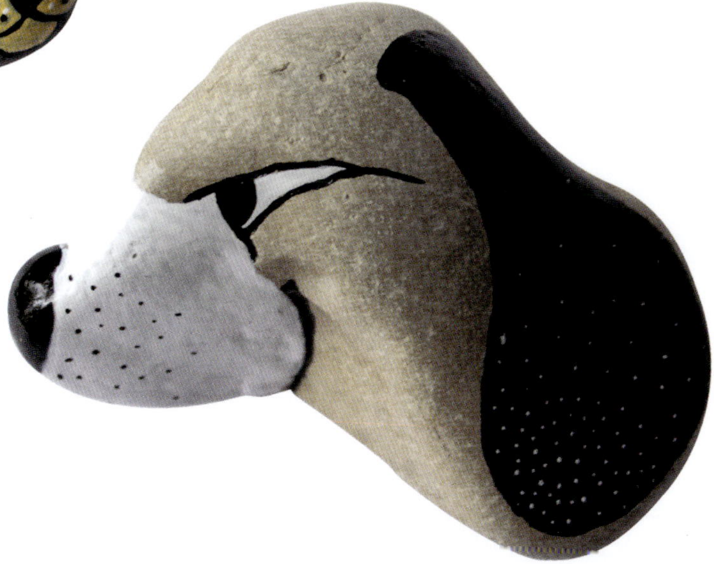

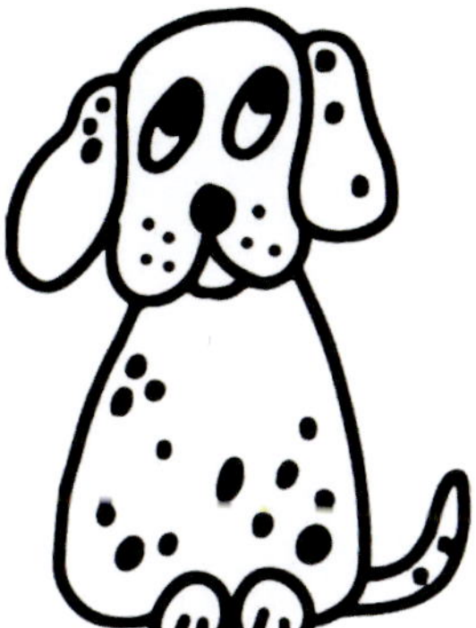

Lily & Leo

Weitere Inspirationen für Geschenke für Katzenfans.

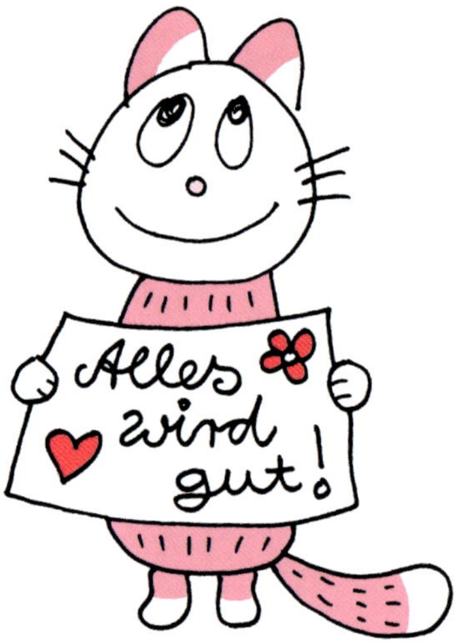

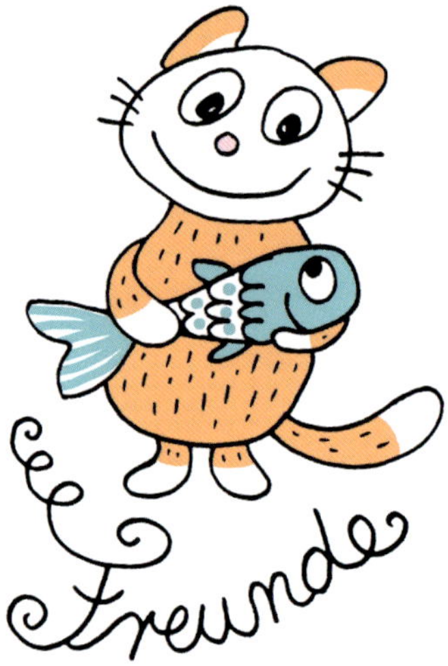

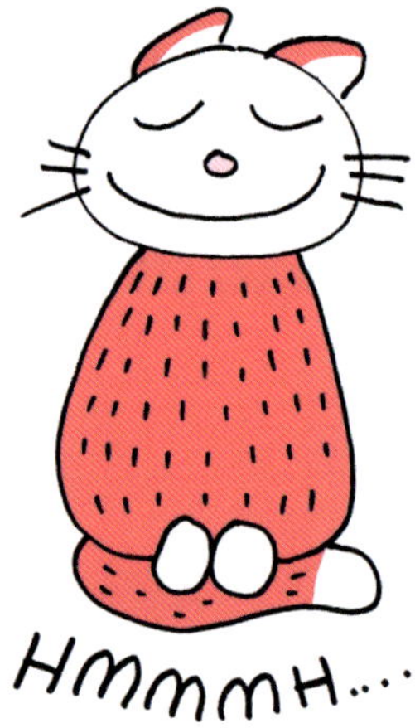

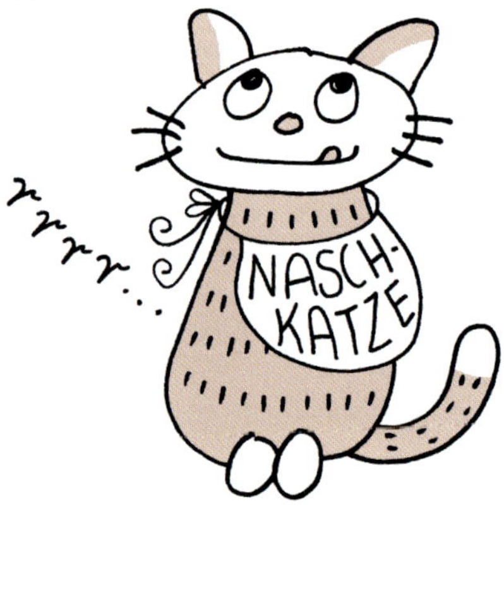

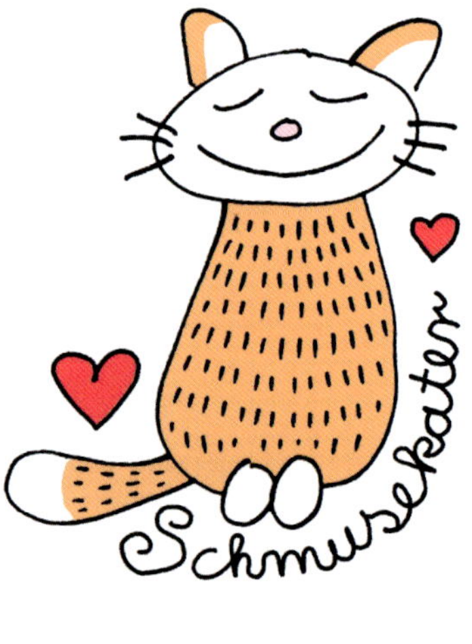

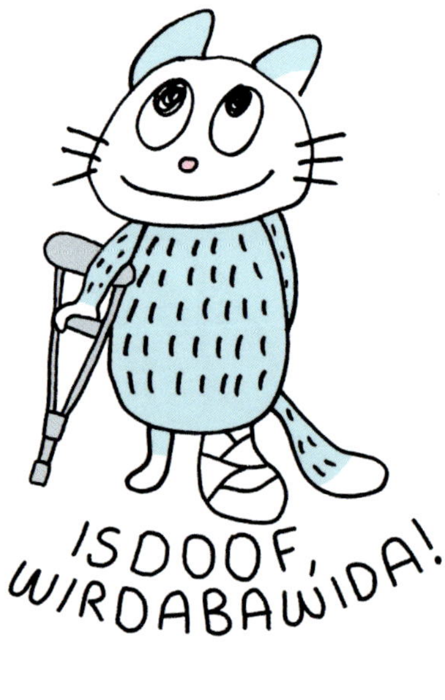

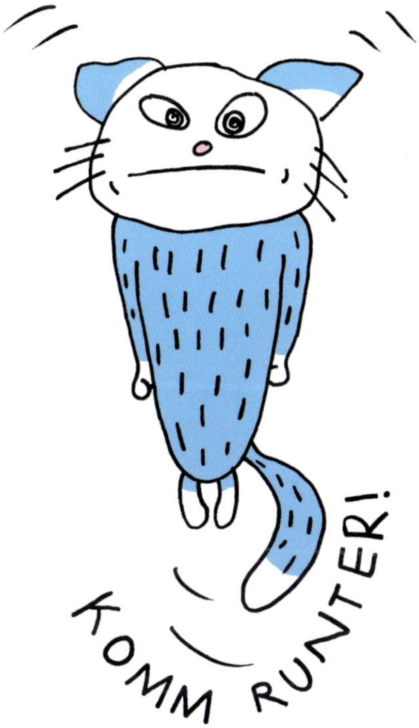
KOMM RUNTER!

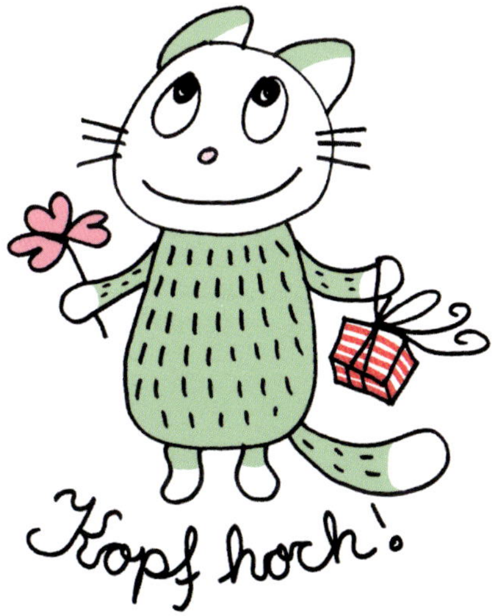
Kopf hoch!

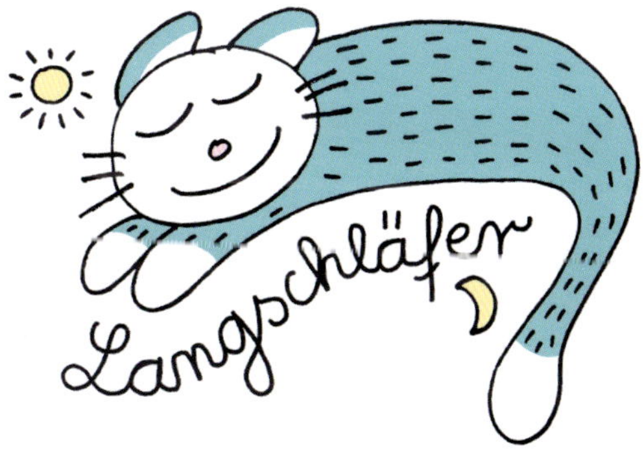
Langschläfer

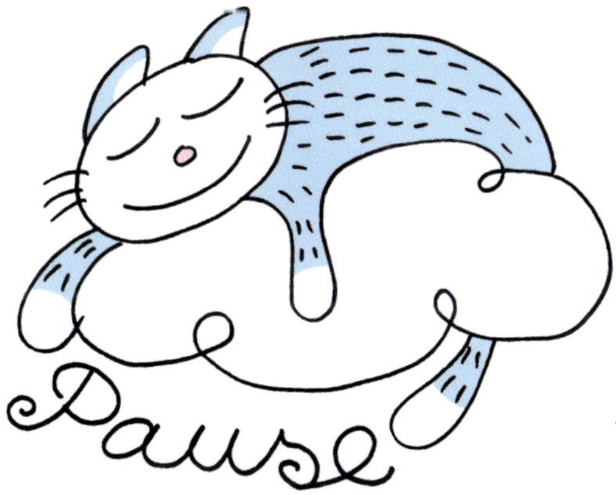
Pause

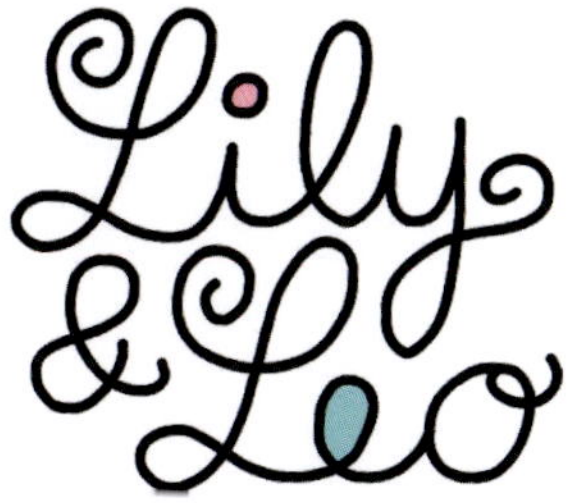
Lily
&Leo

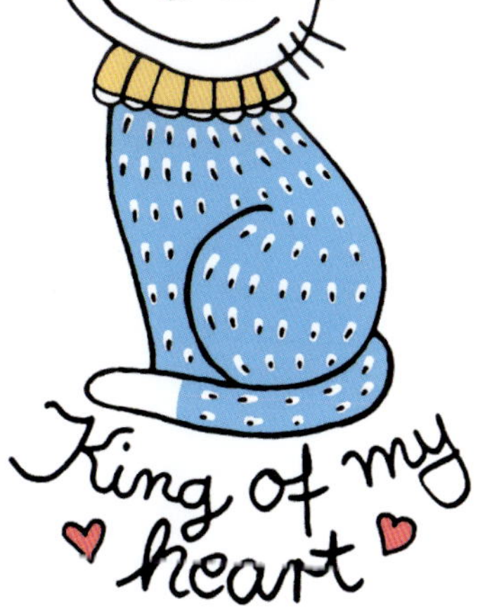
King of my
heart

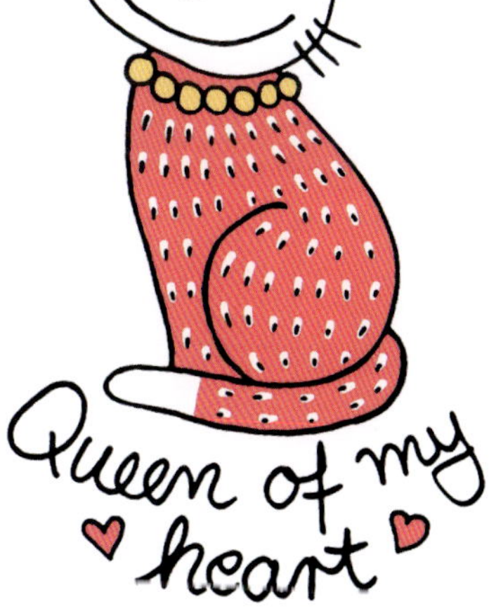
Queen of my
heart

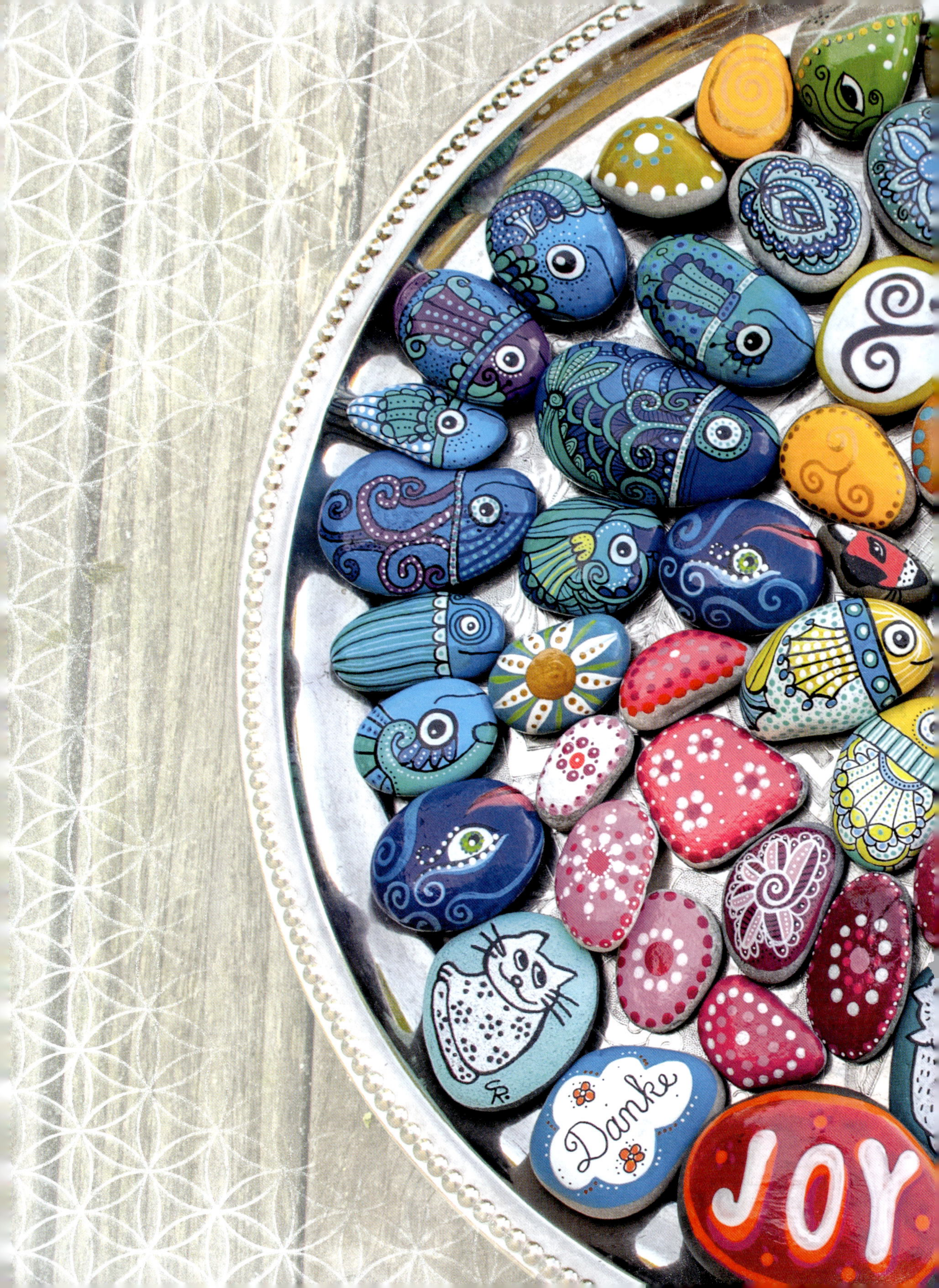
Danke
JOY

NACHWORT

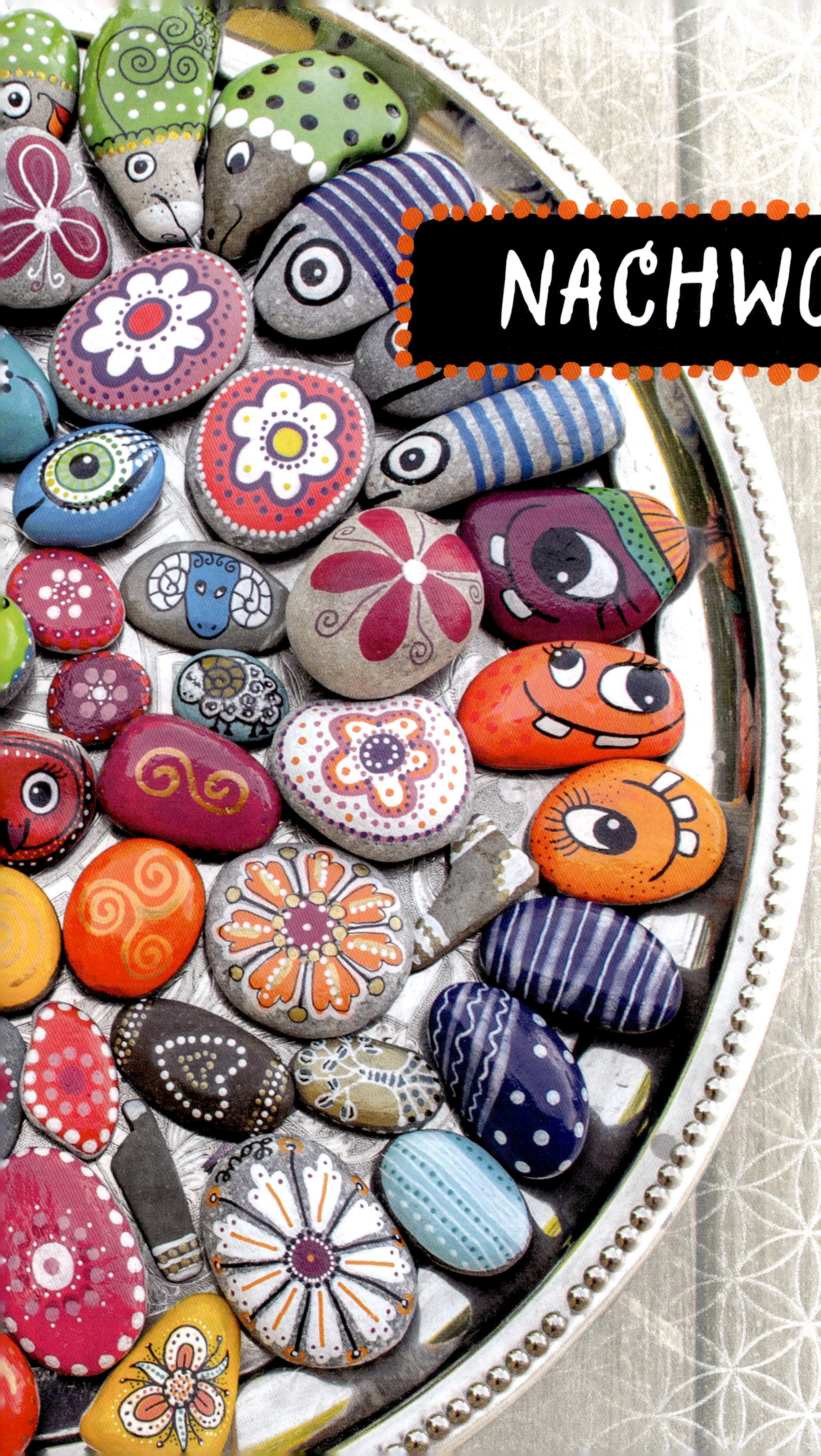

Dank

Danke an meine Lektorin Karina Woller und den mvg Verlag, dass ich dieses Buch machen konnte – es war mir eine Herzensangelegenheit. Danke an die vielen schönen Steine, die ich gefunden habe – ohne sie gäbe es dieses Buch nicht. Danke an Cathie Grindler, deren bemalte Steine mich in jeder Beziehung inspiriert haben. Danke an meinen Mann und unseren Sohn, die mich bei diesem Projekt sehr unterstützt haben.

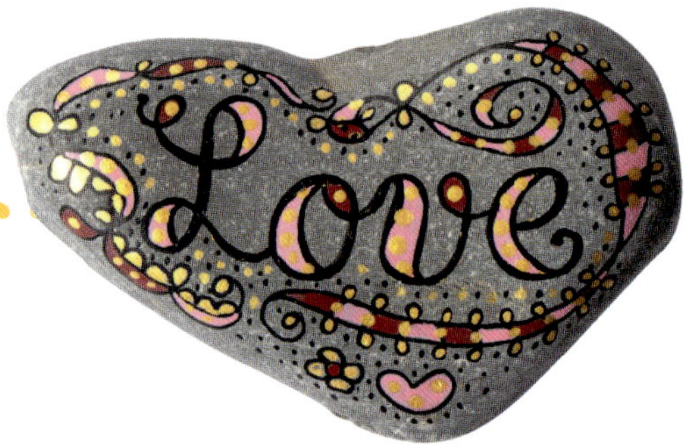

Liebe Leser*innen,

ich hoffe, dass ich dazu beitragen konnte, dass du nun noch mehr Freude am Bemalen von Steinen hast! Ich bin neugierig auf deine Lieblingssteine und würde mich sehr freuen, wenn du sie in der Facebook-Gruppe »Lieblingssteine« zeigst. Dort und auf Instagram @lieblings_steine erfahrt ihr, wenn es Neues von mir zum Thema Steinebemalen gibt.

Bleibt kreativ!

Eure Christine

Die Autorin

Christine Rechl ist in München als vierte und jüngste Tochter von zwei Augenärzten aufgewachsen. Sie hat Kommunikationsdesign studiert und entwirft Dekore für Heimtextilien, Geschenkpapier und Porzellan – wenn sie nicht gerade an einem neuen Buch schreibt. Sie lebt mit ihrer Familie seit vielen Jahren in Coburg, wo sie sich ihren großen Garten mit Rehen, Hasen und ihrer Katze teilt. Kreativität und Erfindungsreichtum haben von Kindesbeinen an ihr Leben geprägt.

Außerdem von Christine Rechl im mvg Verlag:

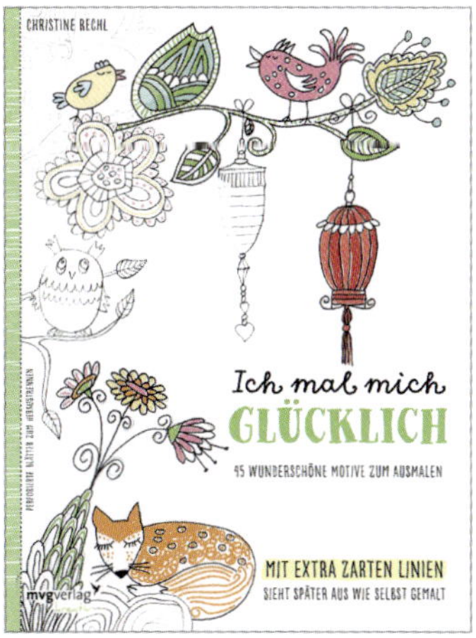

ISBN: 978-3-86882-677-7

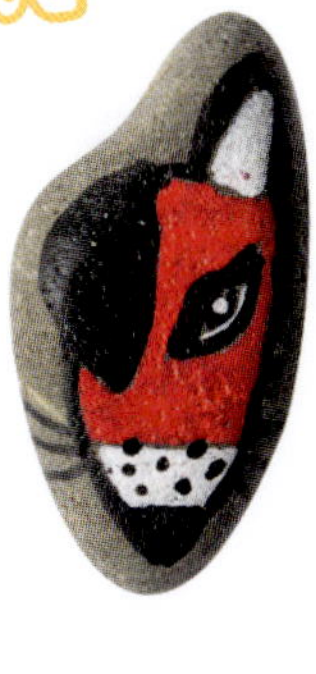

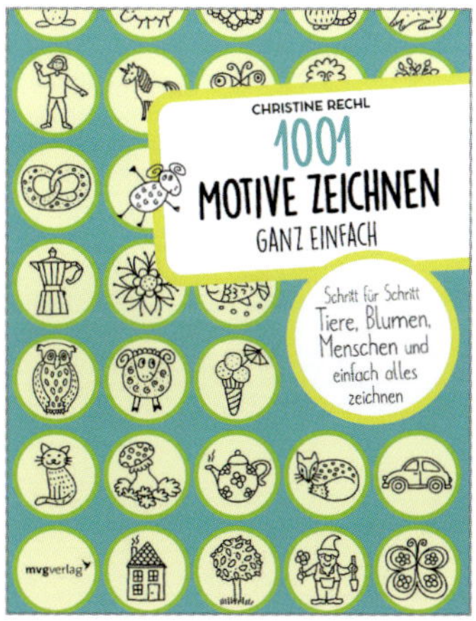

ISBN: 978-3-7474-0232-0

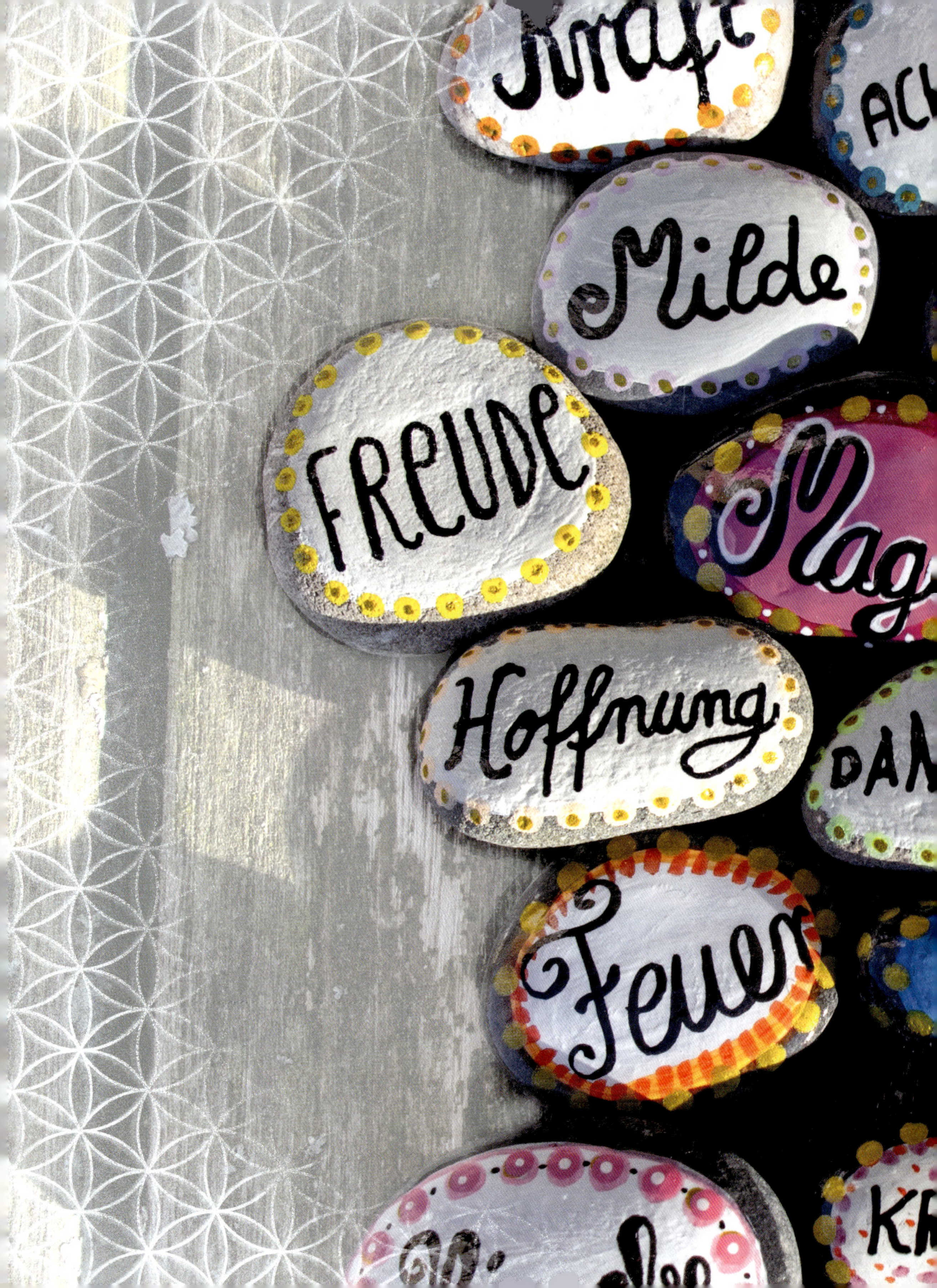
Milde
FREUDE
Hoffnung
Feuer

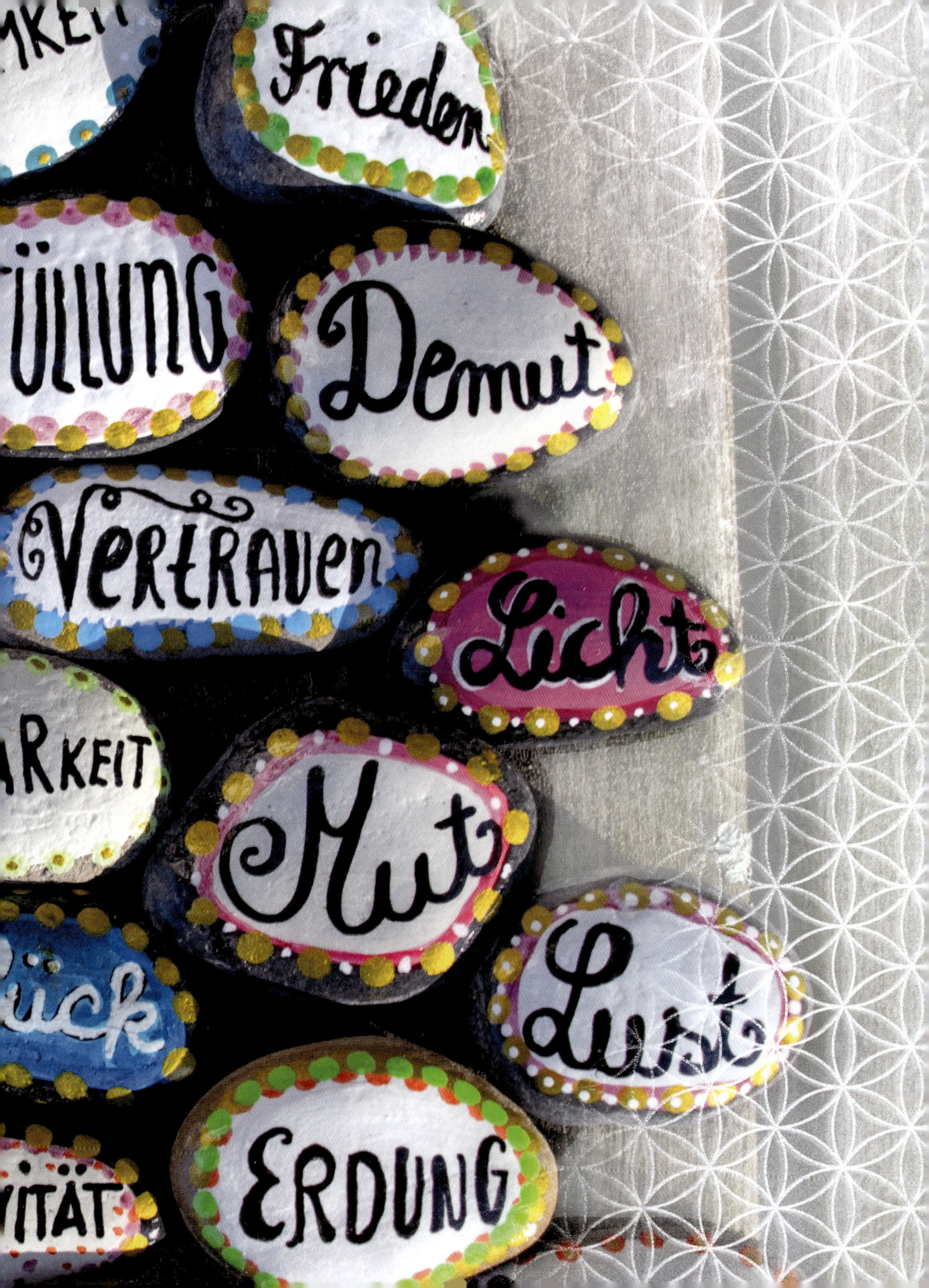
Frieden
Demut
Vertrauen
Licht
Mut
Lust
Erdung

Impressum

Bibliografische Information der Deutschen Nationalbibliothek
Die Deutsche Nationalbibliothek verzeichnet diese Publikation in der Deutschen Nationalbibliografie. Detaillierte bibliografische Daten sind im Internet über https://dnb.de abrufbar.

Für Fragen und Anregungen
info@m-vg.de

Originalausgabe
9. Auflage 2026

Türkenstraße 89
80799 München
Tel.: 089 651285-0

Redaktion: Caroline Kazianka
Umschlaggestaltung: Catharina Aydemir
Umschlagabbildung: Christine Rechl
Konzept, Layout und Satz: Christine Rechl
Fotos: Christine Rechl

Druck: Balto Print UAB, Litauen
Printed in the EU

ISBN 978-3-7474-0241-2

Weitere Informationen zum Verlag finden Sie unter
www.mvg-verlag.de
Beachten Sie auch unsere weiteren Verlage unter www.m-vg.de